강흥보의
ETF
투자특강

강흥보 지음

강흥보의 ETF 투자특강

왕초보부터 초고수까지 수익을 내는 투자의 정석

한스미디어

더 스마트한
투자를 위한 선택, ETF

'차트를 사랑하는 남자.' 스스로 붙인 별명입니다. 이 별명처럼, 차트 속에서 복잡다단한 시장의 흐름을 읽어내고 적중률 높은 시황을 알려주는 것을 목표로 삼아왔습니다. 그런데 '아무리 적중률이 높은 시황을 알려주어도 누군가는 손해를 본다'는 현실을 마주하고 깊이 고민해야 했습니다. '어떻게 하면 전문가가 아닌 사람이 적어도 잃지 않는 투자를 할 수 있을까?' 제가 찾은 방법은 ETF입니다. 시장에는 여러 금융상품이 나와 있지만, 개인 투자자들이 마음 편하게 투자해 우수한 수익을 낼 수 있는 상품은 오직 ETF밖에 없다는 결론에 도달했습니다.

저는 그 결과를 담아 2019년 5월에 첫 번째 책《ETF 투자의 신》을 집필했습니다. 초보 투자자가 쉽게 이해할 수 있도록 ETF의 기본 개념과 구조를 설명하고, 어디에 어떻게 투자하면 좋을지 세세한 실행 가이드를 제공하고자 했습니다. 투자 성향과 투자 환경 등이 각기 다른 투자자들이 자신의 상황에 맞추어 활용할 수 있도록 테마별 투자 전략도 제공했습니다.

첫 번째 책이 나오고 나서, 초보 투자자들에게 반드시 필요한 기초 개념부터 실제 투자에 유용한 실전 전략까지 충실하게 담았다는 평가를 들을 수 있었습니다. 저는 이 책에서 "코스피 지수가 1500~1800 사이가 되는 시기가 올 것인데, 이때부터 코스피 지수와 연동하는 ETF를 분할매수하면 은행 금리의 몇 배 이상의 수익을 기대할 수 있을 것"이라고 제안드렸었습니다. 그리고 2020년 3월 13일에서 4월 7일 사이 18일간 코스피 지수가 급락하여 1500~1800포인트 구간에 위치하는 때가 왔습니다. 이때 저의 제안을 기억하시고 KODEX 200을 매수한 분은 2020년 11월 10일 종가 32,575원을 기준으로 46.5%의 수익률을 올릴 수 있었을 겁니다. 더 적극적으로 같은 시기에 KODEX 200 레버리지를 샀다면 2020년 11월 10일 종가 16,140원을 기준으로 98.59%의 수익률을 달성했을 것입니다.

그리고 첫 번째 책을 출간하고 나서 2년여가 흐른 지금, 우리를 둘러싼 투자 환경에 많은 변화가 생겼습니다. 특히 코로나바이러스감염증-19(이하 '코로나19') 팬데믹으로 인한 세계 경제의 침체는 예상하지 못했던 변수입니다. 점점 더 예측 불가능해지는 시장을 바라보며 도대체 어떻게 투자 전략을 세워야 할지 난감해하는 투자자들이 많으셨을 겁니다. 이처럼 혼란에 빠진 투자자들을 위해 길잡이가 되고자 이전 책의 내용을 더욱 보강하여《강흥보의 ETF 투자 특강》을 발간하게 되었습니다.

처음 집필을 시작했을 때와 마찬가지로 이번에도 ETF의 기초 개념과 구조, 투자 전략을 초보 투자자의 눈높이에 맞추어 쉽고 흥미롭게 풀어쓰고자 했습니다. 이에 덧붙여 글로벌 투자 관점에서 해외 ETF에 관한 내용을 충실히 싣고, ETF의 확장 양상과 새로운 트렌드에 대해서도 소개하고자 했습니다. 그럼으로써 투자 선택지가 다양해지고 효과가 커지도록 애를 썼습니다.

최근 투자 양상을 보면 개인 투자자가 똑똑해지고 있는 것을 볼 수 있습니다. 이전처럼 멋모르고 손해 보는 '개미'들이 아닙니다. 지금의 개미 투자자들은 경제 전문 신문과 방송, 주식 사이트, 전자 공시, 인터넷 투자 카페, 유튜브 등을 통해 상당한 정보를 축적하고 있으며 안목도 높습니다. 매번 눈물을 흘리던 개미들이 지금은 왜곡된 흐름에 흔들리지 않고 현명하게 투자하는 모습을 보이기 시작했습니다. '불개미', '스마트개미' 같은 신조어도 나왔으니 말입니다.

이렇듯 똑똑해진 개인 투자자들이 크게 늘었음을 알 수 있는 현상 중 하나가 'ETF 투자 증대'라고 생각합니다. 미국과 같은 금융 선진국들은 이미 ETF가 굉장히 대중화되어 있는데, 이제 우리나라도 투자 성숙도가 높아지는 만큼 ETF시장도 점점 더 커지고 있는 것으로 보입니다. 특히 투자하기 어려운 시기에 ETF를 접한 투자자들은, ETF야말로 수익을 내는 데 필요한 투자 원칙을 실천할 수 있도록 이상적으로 설계된 상품이라는 것을 알게 되었을 겁니다.

우리가 투자를 하는 동안 앞으로 코로나19보다 더한 변수가 있을 수 있습니다. 현명한 투자자라면 섣불리 앞날을 예측하지 않고 위험에 대비해 전략을 세웁니다. 이때 ETF는 최적의 선택이 될 것입니다. ETF는 스마트해진 개인 투자자들을 더욱 스마트하게 만들어줄 최고의 투자 도구라고 확신하고 있습니다. 만약 이번 계기로 ETF를 처음 알게 된 투자자라면 큰 기회의 시작에 서 있음을 말씀드리고 싶습니다. 부디 독자 여러분들의 위대한 투자 여정에 이 책이 올바른 지도가 되기를 바라봅니다.

2021년 2월

강흥보

이번에 적금을 만들려고 봤더니 기본 이자가 겨우 1% 정도밖에 안되더라고요? 도저히 이건 아닌 것 같아서… 이참에 저도 투자를 시작해보려고요. 요즘 저 빼고 전부 투자로 돈 버는 것 같던데, 저 혼자 바보가 된 기분이거든요.

 은행 이자가 낮은 건 전 세계적으로 초저금리 시대가 열렸기 때문인데요, 이제 예전처럼 예금 상품만으로는 목돈 불리기가 쉽지 않아졌어요. 이제 정말 '투자가 선택이 아닌 필수인 시대'가 온 거죠!

 말씀 듣고 보니 이번에야말로 진짜 투자를 공부해야겠단 생각이 들어요! 근데 저는 진짜 아무것도 모르는 '투알못(투자를 알지 못하는 사람)'이라… 어디서부터 어떻게 시작해야 할지 모르겠어요.

 투자 경험이 별로 없는 초보 투자자들은 손실의 두려움 때문에 시작이 쉽지 않을 수 있죠. 그때 저는 ETF를 많이 권합니다. ETF는 주식처럼 쉽게 사고팔 수 있는 펀드상품을 말하는데, 주식 투자보다는 상대적으로 위험성이 덜하거든요.

 ETF? 저 같은 왕초보도 쉽게 투자할 수 있을까요?

 그럼요! 다만, 모든 투자에는 위험이 내재되어 있다는 걸 잊지 마세요! 적은 돈을 투자하더라도 반드시 신중을 기해야 합니다. 그럼, 제가 ETF에 투자하려면 어떻게 해야 되는지 차근차근 설명해드리도록 할게요! 저와 함께 ETF의 세계로 떠나볼까요?

정말 쉽다, ETF!

차례

Lesson 3

ETF 투자 세계의 모든 것   112

우리아이를 위한
ETF 투자 통장

Lesson 4

ETF 투자 시작하기

Lesson 5

ETF 수익성 극대화 전략

음... 결국엔 ETF!

Lesson 6

ETF 투자 업그레이드

해외 투자도 ETF로~!

왜 지금 ETF에
투자해야 할까요?

ETF 투자 특강에 들어오신 분들 모두 환영합니다! ETF를 어느 정도 접해보신 분들도 있겠지만, 난생처음 ETF를 알게 되어 이제 막 공부를 시작하신 분들도 있으리라 생각합니다. 하지만 품고 있는 목표는 모두 마찬가지겠지요? 바로 '안정적인 수익을 만들어내는 투자법을 배우는 것' 말입니다. 우선 그러려면 ETF의 개념에 대해서 먼저 알아두는 것이 필요하겠지요. 이번 장에서는 ETF의 기초개념에 대해 확실히 알아가는 것을 목표로 강의를 시작하고자 합니다.

지금은 ETF 전성시대

#ETF시장은 지금 폭풍 성장 중
#ETF, 왜 인기 있었을까?
#개념부터 우선 간략하게 파악하자!

국내 시장을 뜨겁게 달군 'ETF 돌풍'

최근 투자 시장에서 가장 화제인 것을 꼽는다면 단연 'ETF'입니다. 평소 조금이라도 투자에 관심 있는 사람들이라면 최근 TV 매체와 주변인들을 통해 'ETF가 뜨고 있다'는 말을 심심치 않게 들으셨을 겁니다. 대체 얼마나 화제였던 걸까요?

그림1 을 보면 2020년 12월 말 기준으로 ETF 일평균 거래대금이 4조 6,949억 원이었습니다. 1년 전인 2019년 ETF 일평균 거래대금이 1조 3,332억 원인 것과 비교하면 3조 원 이상 껑충 뛴 것입니다. 2020년은 코로

그림1 국내 ETF시장의 성장

(단위: 억 원, 개)

— 일평균 거래대금
▨ 상장 종목 수

	2016년	2017년	2018년	2019년	2020년 12월
일평균 거래대금	7,900	9,792	14,619	13,332	46,949
상장 종목 수	256	325	413	450	468

자료: 한국거래소(KRX)

나19가 몰고 온 전례 없는 풍부한 유동성으로 투자에 대한 국민들의 관심이 전반적으로 매우 높아졌는데요, 그중 ETF에 쏠렸던 관심은 특히 더욱 뜨거웠습니다.

얼마나 많은 투자자들이 ETF에 관심을 보였는지, 코로나19가 한창이던 2020년 3월 16일에는 거래대금이 14조 원까지 치솟기도 했습니다. 같은 날 코스피 주식거래 대금인 11조 8,000억 원을 뛰어넘은 규모였으니 얼마나 많은 투자자들의 관심이 ETF에 쏠렸는지 알 수 있겠죠. 그야말로 2020년 한 해 동안은 ETF 돌풍이라고 할 수 있었습니다.

이처럼 국내 ETF시장은 꾸준히 성장을 거듭해 2020년 12월 현재 기준으로 순자산가치총액이 약 52조 원을 돌파하며 사상 최대 규모를 기록했습니다. ETF를 운용하는 회사도 15곳이 되었고, 2020년 12월 기준으로 상장된 종목도 468개가 되었습니다.

선진국 투자자들은 이미 ETF 투자 활발히 운용

국내에서는 ETF가 큰 주목을 받게 된 지 얼마 되지 않았지만, 사실 미국 등 금융 선진국에서는 이미 ETF 투자가 매우 활성화된 것을 볼 수 있습니다. 뉴욕증권거래소에서는 총거래량 중 ETF 거래 비중이 40%에 달하며 펀드 자금의 70%가 ETF를 통해 들어올 정도라고 합니다. 미국 주식시장에는 거의 모든 투자 영역에 걸쳐 3,200개 이상의 ETF가 상장되어 거래되고 있어, 어떠한 부문에 투자한다고 할 때 ETF를 활용한 투자가 자연스럽게 일어나고 있습니다.

그렇다면 왜 이토록 전 세계 투자자들이 ETF에 주목하는 걸까요? 일찍이 ETF는 전문 투자자와 학자들로부터 "장기적인 관점에서 안정성과 수익성의 균형을 갖춘 금융상품"이라는 검증을 받았습니다. 또한 "직접 투자와 간접 투자 사이의 절묘한 선택", "투자의 민주화를 불러온 혁신적 금융 도구"라는 찬사를 받기도 합니다. 말하자면, 직접 투자가 어렵고 두려운 투자자들에게 ETF가 아주 유용한 투자 대안이 될 수 있다는 말입니다.

저는 ETF의 가치와 효용성, 발전 가능성 등을 고려할 때, 앞으로 다가올 '투자 필수 시대'에 개인 투자자가 반드시 제대로 알아두어 활용해야 하는 금융상품이라고 강조해왔습니다. 잠깐 유행하고 지나가는 투자상품이 아니라, 여러분이 살아가는 동안 평생 함께해야 하는 투자 동반자와 같다고 말씀드리면서 말이죠. 그런데 아직도 ETF가 무엇인지, 그 개념조차 제대로 알지 못하는 분들이 많은 것도 사실입니다. 일반 펀드와 달리 개념이 너무 어려워 보여서일까요? 저는 ETF만큼 간편하고 안전하게 투자할 수 있는 상품이 드문데도 진입장벽이 있어서인지 지레 포기하는 투자자들을 보며 늘 아쉬웠습니다. 그래서 여러분들이 최대한 쉽게 이해할 수 있도록 ETF에 대해 알려드리고자 합니다. 이 책 한 권을 읽고 나면 이제는 ETF 투자에 대한 자신감을 얻게 될 겁니다.

그렇다면, 아주 기초적인 것부터 하나하나 따져볼까요? ETF란 도대체 무엇일까요?

ETF = Exchange Traded Fund

ETF의 기초를 다루는 여러 책을 보면 ETF의 개념을 먼저 설명하지 않는 경향이 있습니다. 그 대신 ETF가 꼭 필요한 이유, 투자자에게 유리한 점, 등장한 맥락 등에 대해 앞서 다룹니다. 그만큼 개념이 단순하지 않고, 배경 지식이 필요하기 때문이겠죠.

저도 이런 서술 방식이 더 효과적이라고 생각하지만, 답답해할 독자를 위해 ETF의 정의를 먼저 간략히 말씀드리고자 합니다. 기초적인 정의를 이해한 후 이 책을 읽어나가면 ETF의 전체직인 개념이 손에 잡힐 겁니다. ETF의 개념을 제대로 이해하는 것으로도 ETF에 대해 상당한 지식을 갖추었다고 할 수 있으니까요.

ETF는 'Exchange Traded Fund'의 약자입니다. 'Exchange'는 '증권거래

ETF = 상장지수펀드

E	(Stock) Exchange	증권거래소에서
T	Traded	거래가 이루어지는
F	(Index) Fund	인덱스펀드

소'를 뜻하는데, 'Stock Exchange'로 쓰면 더 정확합니다. 'Traded'는 '거래 되는'이라는 뜻이고요. 'Fund'는 우리가 아는 그 펀드인데, 'Index Fund'라 고 쓰는 게 더 정확합니다.

따라서 ETF는 '(Stock) Exchange Traded (Index) Fund'로서 증권거래소 에서 매매되는 인덱스펀드라고 이해하면 쉽습니다. 금융상품인 인덱스펀드는 코스피 지수, 코스닥 지수 등 특정 지수를 추종 지수로 삼아 이 지수의 움직 임에 따라 수익률이 연동되는 성격의 펀드를 말합니다. 즉 특정 주가지수를 구성하는 종목들을 펀드에 담아 그 지수 상승률만큼의 수익을 추구합니다. 그래서 ETF를 '상장지수펀드'라고 말하기도 합니다.

내용은 인덱스펀드, 형태는 주식

앞에서 살펴보았듯 ETF는 증권거래소에 상장되어 주식처럼 거래되지만, 그 내용은 본질적으로 인덱스펀드입니다. 그렇다면 ETF의 설계자들은 왜 여러 펀드 중 인덱스펀드를 선택했을까요? 그리고 금융기관에서 금융상품 에 가입하는 방법 대신 증권거래소에서 주식처럼 사고팔 수 있도록 만들었 을까요? 이 질문의 해답이 ETF의 본질을 드러냅니다.

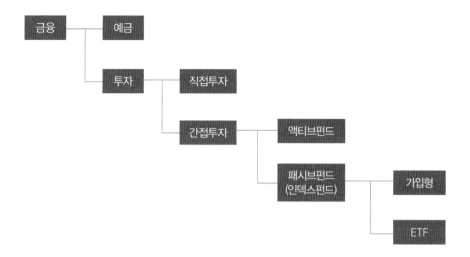

편의를 위해 금융상품의 구조를 매우 거칠고 단순하게 도식화해보았습니다. 가장 크게는 '예금'과 '투자'로 나눌 수 있습니다. 예금은 상품 가입 때 원금이나 이자가 확정되어 있으며 이를 법으로 보호받는 금융상품입니다. 반면 투자는 그 결과에 따라 수익이 다르며, 큰 손해를 입더라도 그 책임은 투자자 본인에게 있습니다.

투자는 '직접투자'와 '간접투자'로 나눕니다. 직접투자는 투자자가 직접 주식, 채권, 현물 등의 투자 종목을 선택하고 사고파는 형식입니다. 간접투자는 쉽게 말해 '펀드' 형태로서 투자 종목의 선택, 사고파는 시기의 선택과 실행 등을 전문가에게 맡기는 방식입니다. 이 펀드도 두 가지 형태로 나눌 수 있습니다. 바로 투자 성향에 따라서인데요, 시장의 평균수익률 이상을 추구하는 공격적 성향의 액티브펀드(Active Fund)와 시장평균수익률을 소극적으로 따라가는 패시브펀드(Passive Fund)로 말이죠.

액티브펀드는 시장지수를 초과하는 플러스 알파(α) 수익을 얻기 위해 과감한 액티브 전략(Actively managed strategies)을 구사하는 펀드입니다. 시장

지수 대비 초과 수익인 알파(α)를 얻기 위해 액티브펀드는 시장의 방향과 주식의 가격을 예측하고, 그에 따라 수시로 종목을 교체하는 등의 방식으로 포트폴리오에 적극 반영하는 운용 전략을 취합니다. 그 결과는 지수의 수익률보다 좋을 수도 나쁠 수도 있지요.

액티브 전략 기반의 펀드는 예측에 필요한 각종 리서치 비용, 그리고 전략 특성상 잦은 주식 매매에 따른 운용 비용 등 전체적으로 투자에 따르는 비용이 상대적으로 비싼 편입니다.

반면, 패시브 전략(Passively managed strategies)은 지수 수익률을 달성하도록 운용되므로 수익률 결과는 지수의 수익률과 거의 비슷하며 변동성이 상대적으로 적습니다. 포트폴리오 운용 측면에서도 추종하는 인덱스의 구성을 완전히 복제하거나 인덱스 내 전체 종목들의 일부로 지수의 성과를 복제하도록 운용되므로 잦은 종목 교체에 대한 비용이나 과도한 리서치 등의 비용을 아낄 수 있어 투자비용을 절감할 수 있는 장점이 있습니다. 이것이 장기 투자와 결합하게 되면 투자자의 수익률 측면에서 상당한 위력을 갖게 됩니다. ETF가 가장 많이 상장된 미국의 경우, 주식형 ETF의 평균 운용 보수는 0.20%로 상당히 낮은 수준입니다.

패시브펀드인 인덱스펀드는 다시 일반적인 펀드상품으로 가입하는 형태가 있고, 주식시장에서 사고파는 ETF가 있습니다. 즉, ETF는 기본적으로 추적하는 지수의 성과를 따라가도록 운용하는 패시브 전략을 기반으로 삼는 '인덱스펀드'입니다.

이러한 까닭에 ETF는 펀드와 주식의 장점을 모두 누리기 위해 개발된 혁신적 금융투자 수단이라는 평가를 받기도 합니다. 아무래도 개인 투자자들은 원금 보장에 대한 집착 때문에 일반적인 투자로는 수익성을 갉아먹는 모

ETF, 펀드, 주식의 차이점

구분	ETF	펀드	주식
투명성	높음	낮음	높음
결제주식	T+2	T+3~8	T+2
거래비용	증권사 위탁 수수료 및 보수 (0.012~0.990%)	소득세 (15.4%)	거래세 (0.3%)
매매 시 세금	국내주식형: 없음 기타 ETF: 소득세(15.4%)	소득세 (15.4%)	거래세 (0.3%)
위험	시장 위험	시장 위험	시장+개별 위험
장중 거래	가능	불가	가능
거래처	모든 증권사(직접투자)/ 은행(간접투자)	특정 증권사/은행	모든 증권사

자료: 한국거래소(KRX)

습을 보이기도 하죠. ETF는 이러한 개인 투자자들의 심리적·상황적 한계를 극복할 수 있도록 설계되어 있다는 특징이 있습니다. 또한 펀드매니저에게 지급하는 수수료를 줄일 수 있으면서도 더 빠르고 편리하게 거래할 수 있도록 장치를 마련해두었다는 특징도 있습니다.

초보 투자자에게 최적

최근 나라 안팎으로 글로벌 금융 환경이 뒤숭숭하다 보니 더욱이 투자에 관심을 가지는 초보 투자자들이 많이 늘어났습니다. 제대로 투자 공부를 하지 않은 상태에서 우선 주식 투자부터 시작하면 손해를 볼 가능성이 높습니다. 투자한 회사가 중간에 망하거나 상장폐지를 당하기도 하고 우연히 터지는 변수에 따라 주가가 출렁이는 경우도 숱하기 때문입니다. 펀드를 선택하자니 수많은 펀드 중 어느 펀드가 가장 좋은지 잘 모르겠고요. 작년에 최고 수익률이었던 펀드가 올해는 실적이 저조한 경우도 잦습니다. 그리고 펀드매니저에게 지급하는 펀드 수수료도 만만치 않고요. 1년 금리와 맞먹으니 손해 보는 것 같습니다.

그래서 저는 투자 경험이 많지 않은 초보 투자자들일수록 더욱이 ETF로 투자 공부를 시작해야 한다고 말씀드립니다. 인덱스펀드를 기본으로 하면서, 거래 편의, 실시간 거래, 빠른 환금성, 정보의 투명성을 두루 갖춘 최적의 금융상품이기 때문입니다. 투자를 망설이거나 무엇을 선택해야 할지 몰라 주저하는 이들에게 ETF는 강력한 대안이 됩니다. 왜 지금 ETF를 선택해야 하는지 더 자세히 알아보겠습니다.

투자 문맹이 된
우리나라의 현실

#열탕과 냉탕 사이
#투자하는 사람은 무조건 망한다?
#원금 보전에 대한 집착과 한탕주의 사이에 균형을 찾다

어린 시절 동네 목욕탕에 가면 아무 생각없이 들어간 욕탕의 물이 너무 뜨거워 화들짝 놀란 경험이 있으셨을 겁니다. 욕탕의 물 온도를 한껏 높여놓고 "시원~하다"며 목욕을 즐기는 어르신들께서 종종 있으셨으니까요. 또 건강에 좋다는 생각에 열탕과 냉탕을 오가는 어르신들도 많았습니다. 하지만 그런 냉온욕이 정말 건강에 이로웠을까요?

한국의 금융투자 현실을 보면 어린 시절의 동네 목욕탕이 떠오르곤 합니다. 적당한 수온의 온탕 대신 지나치게 뜨거운 열탕과 차가운 냉탕을 오가며 그것이 옳다고 착각하는 모습이 매우 흡사하게 느껴져서입니다.

우리나라 금융투자의 냉탕은 원금 보전에 대한 집착이라고 할 수 있습니다. 그 반대인 열탕은 단기 고수익을 노린 투기 행위와 같습니다. 어떤 이들은 1원의 위험도 감수할 수 없다며 은행 예·적금에 매달리고, 어떤 이들은 크게 터트릴 '한방'을 찾아 헤매는 모습을 보입니다. 이 둘 사이의 균형점을 좀처럼 찾기 힘든 상황이죠. 이런 극단적 양분화는 이른바 '금융맹', '투자맹'이 우리 사회에 심각한 상태임을 드러내고 있습니다. 글자를 모르는 문맹(文盲)에 빗대 금융이나 투자에 무지한 상태를 금융맹, 투자맹으로 부르지요. 경제가 어느 정도 발전한 나라 중에서 우리나라와 일본에서 이런 현상이 심하다고 합니다.

금융맹이 만들어낸, 원금 보전 집착 현상

2011년 일본 동부에 대지진이 일어난 적이 있습니다. 이때 거대한 쓰나미가 후쿠시마 등지를 휩쓸고 지나갔죠. 이후 이와테·미야기·후쿠시마 3개 현의 재해 현장을 수습하는 과정에서 무려 5,700개의 금고가 발견되었는데 그 안에는 무려 300억 원 내외의 현금이 들어 있었습니다. 지역 관청은 주인에게 금고를 돌려주느라 꽤 애를 먹었는데, 96%가 주인을 찾았다고 합니다.[1] 일본인의 현금 선호도는 대단합니다. 일본에 가보면 식당이나 가게에서 현금으로 값을 치르는 모습을 쉽게 볼 수 있었을 겁니다. 또한, 지금도 일본 가정에 보관된 현금, 이른바 '장롱 예금'이 430조 원이 넘는 것으로 추측됩니다.

현재 일본의 보통예금 금리는 연 0.001%, 3년 만기 정기적금 금리는 연 0.015% 수준입니다. 사실상 제로 금리라고 할 수 있죠. 고객 입장에선 은행에 돈을 맡겨서 얻는 이익이 크지 않은 겁니다. 시중 은행과 중앙 은행 간 거래에서는 마이너스 금리가 됩니다.

일본은 2016년 1월 통화 정책 회의에서 마이너스 금리가 도입되었습니다. 시중 은행의 중앙 은행 예치금(일본은행 당좌예금) 신규분에 대해 −0.1%의 금리를 적용했죠. 시중 은행이 맡긴 금액에 대해 이자 대신 수수료를 매기는 극단적 방식을 도입함으로써 투자나 융자에 돈을 쓰도록 유도한 것입니다.

상황이 이런데도 일본인들의 안전 지향, 위험 회피 심리는 여전합니다. 1년간 2억 원을 은행에 맡기면 1,000원짜리 지폐 두 장을 이자로 받는데도 예금을 선호하는 모습입니다. 일본은행 통계에 따르면 개인 금융자산 중 '예·적금'의 비중은 전체의 절반을 넘으며 총액으로 1만 조 엔(약 1경 원)에 이릅니다.

그렇다고 우리는 일본인이 극심한 금융맹에 빠져 있다고 흉볼 처지가 못됩니다. 우리나라는 이런 경향이 더욱 심하기 때문이죠. 한국 가계 금융자산의 70%가 예금과 저축성 보험 등 '안전' 지향의 금융상품에 몰려 있는 상황입니다. 이 비율은 일본의 50%대 초반보다 더 높습니다. 유로권의 30%대 초반, 미국의 13%대와 비교하면 월등히 높은 수준이죠. 현금 선호도도 일본에 뒤지지 않습니다. 저금리, 불황, 5만 원권 출시 등으로 가정용 금고 판매가 급증했다는 이야기도 들려옵니다. 미래에 대한 불확실성이 커지면서 불안한 심리로 집 깊숙한 곳에 현금을 보관하려는 경향이 번지는 것이겠지요.

한방을 찾아서

2020년 봄, 어느 날의 풍경입니다.

어깨를 힘없이 늘어뜨린 청년이 허름한 실내포장마차 한구석에서 홀로 소주잔을 기울이고 있습니다. 그의 얼굴에는 근심과 절망감이 가득합니다. 퀭한 눈동자에선 곧 눈물이 쏟아질 듯하고요. 청년과 대각선 맞은편 테이블에는 세 명의 중년 아저씨들이 소주를 마시고 있습니다. 이들은 화가 많이 나 있습니다. 욕설이 섞인 신세 한탄이 오가는 중입니다. 그러다 이 중년 남자 중 한 사람이 청년에게로 다가와 안주 한 접시를 청년의 테이블에 내려놓고는 쓰다듬듯 어깨에 손을 올리고 다정한 목소리로 묻습니다.

"혹시, 신라젠?"

이 상황은 실제로 있었던 한 청년의 사연이라고 하는데요, 그는 사실 그동안 취업에 계속 실패하여 좌절감에 혼자 술을 마시고 있던 것이었습니다. 근처의 아저씨들은 신라젠 주식에 투자했던 사람들이었던 모양이고요. 그들의 눈에는 슬퍼하는 모두가 신라젠 투자로 손해를 본 사람들처럼 보였을 겁니다.

청년은 영문도 모른 채 일순간 당황했지만, 대답 대신 희미한 웃음을 보였습니다. 그리고 신라젠에 대해 검색해보았습니다. 한때 12만 원이 넘던 주가가 1/10 가격으로 내려앉은 상황이었습니다. 이 글을 쓰는 지금 시점에서 신라젠은 거래정지 상태이며 상장폐지가 검토되고 있습니다. 그들이 신라젠 투자로 어느 정도의 손해를 봤는지 알 수 없지만, 그 정도가 어떻든 절망감은 이루 말할 수 없었을 겁니다. 사정을 알게 된 청년은 아이러니하게도 안도감을 느꼈다고 합니다.

투자에 실패해서 재산의 상당 부분을 잃거나 심지어 거액의 부채를 짊어지며 단란하던 가정이 깨지는 경우를 그리 어렵지 않게 볼 수 있습니다. 앞선 이야기처럼 급등 정보를 믿고 개별 주식 종목에 투자했다가 큰 손실을 본 사례도 있고 2018년 초 비트코인 열풍에 휩쓸렸다가 낭패를 겪은 사람도 적지 않습니다.

리스크를 감수하는 공격적 투자, 그 자체가 잘못되었다는 뜻은 아닙니다. 이런 방식의 투자도 필요하며 때로 유익하기도 합니다. 하지만 자신이 감당할 수 있는 범위를 넘어선, 입체적인 검토와 냉정한 판단 없는 묻지마 투자는 삶을 나락으로 빠뜨릴 수 있는 위험한 일입니다. 한 번의 투자로 일확천금을 거머쥐기를 꿈꾸는 사람들의 기대는 결코 쉽게 이루어지지 않는다는 것을 반드시 기억하시길 바랍니다. '올인', '따다', '잃다' 등 도박판의 용어가 투자의 세계에서 그대로 쓰이는 것은 매우 불행한 일입니다. 투자가 도박과 비슷해진 현실을 반영하기 때문이죠.

금융·투자에서 안정성을 최우선으로 하는 우리나라에서 무모한 투자가 횡행한다는 것은 모순적으로 보입니다. 하지만 그 속사정을 들여다보면 극단적 투자로 손실을 겪는 사람들이 늘수록 그 사회의 안정 추구 성향이 더 커진다는 것을 알 수 있습니다. 투자에 실패한 사람을 반면교사로 삼아 모든 투자를 위험한 것으로 치부하기 때문입니다.

일본 NHK가 조사한 내용을 보면 초저금리로 이자를 거의 기대할 수 없는 상황에서도 투자 대안을 찾기보다 은행의 원금 보장 예금을 고집하는 이유로 "투자는 속는다는 이미지가 있어 금리가 낮아도 은행밖에는 갈 데가 없다", "주식 투자는 위험해서 하지 않는다" 등으로 대답했다고 합니다.

"저는 주식 같은 건 쳐다보지도 않습니다." 자신이 합리적이며 성실한 사람임을 강조하기 위해 이런 말을 단호하게 내뱉는 사람들이 있습니다. 만약 그런 이야기를 들으면서 이상하게 느껴지지 않는다면 그야말로 금융맹이 극심한 사회라고 할 수 있지 않을까요?

우리나라는 '한 푼의 원금도 잃을 가능성이 있으면 안 된다'는 위험 회피와 '한방에 몇 배, 몇십 배의 이익을 챙기겠다'는 투기 성향이 양극단으로 존재하며, 이 두 사고방식이 적대적으로 맞붙고 있는 상황입니다. 경제가 아무리 발전하여도 투자에 대한 제대로 된 이해가 없다면 금융 선진국으로 나아갈 수 없습니다. 더욱이 우리나라도 고령화가 급속히 진행되고 있는 만큼 하루빨리 합리적이면서 균형 있는 투자에 대해 습득할 필요가 있습니다. 저는 그 길을 ETF에서 찾고자 합니다.

03

저금리 시대,
투자의 시대를 열다

#복리의 마법, 누리고 있나요?
#하루라도 일찍 투자를 시작해야 하는 이유
#'저축의 시대'에서 '투자의 시대'로

복리의 마법을 누리려면

누구나 알듯이, 아껴서 돈을 모으는 데는 한계가 있습니다. 예를 들어 돈을 땅에 파묻는다면 아무리 시간이 지나도 지금껏 내가 묻은 돈의 단순 합계 이상이 되지 않습니다. 돈이 더 커지려면 이자가 붙어야 하죠. 이자는 원래 있던 돈, 즉 원금에 붙는데, 이것을 '단리'라고 합니다.

그런데 원금에 이자가 붙어서 형성된 돈에 다시 이자가 붙으면 어떨까요? 이해하기 쉽게 한 달 단위로 이자가 붙는다고 가정해봅시다. 1개월 지났을 때는 '원금+이자①'이 됩니다. 2개월이 지났을 때는 '원금+이자①'이 더 커진 원금이 되어 더 많은 이자②가 붙겠죠. 3개월 지났을 때 똑같은 방식으로 '원금+이자①+이자②'로 원금이 커지고 여기에 이자③이 생깁니다. 이렇듯 원금에만 이자가 붙는 것이 아니라 '원금+이자'에 다시 이자가 붙어 돈이 기하급수적으로 불어나는 방식을 **복리**라고 합니다. 천재 물리학자 알베르트 아인슈타인은 '복리'를 "인류가 발견한 가장 위대한 수학적 법칙 중 하나"이며 "이것을 아는 사람은 돈을 벌고 모르는 사람은 손해를 본다"고 말한 바 있습니다.

이러한 복리의 효과를 계산하는 간단한 방식이 있습니다. 바로 '72의 법칙'이라는 것인데요, 이를 통해 이자 결정의 변수인 이자율과 기간을 파악할 수 있습니다. 72를 이자율로 나누면 원금의 2배가 되는 기간이 나오고 72를 기간으로 나누면 그 기간에 원금이 2배가 되는 데 필요한 이자율이 나옵니다. 예로 들어, 연 10% 복리일 때는 '72÷10=7.2'로 원금이 2배가 되는 데 대략 7.2년이 필요합니다. 5년 후에 원금이 2배가 되어야 한다면 '72÷5=14.4'로 연리 14.4%의 복리 이자율이 적용되어야 한다는 것입니다.

예를 들어, 연 복리 10%일 때

$$72 \div 10 = 7.2$$

→이율 →원금이 2배가 되는 데 필요한 기간

복리의 효과를 제대로 누리기 위해서는 제법 긴 시간과 적정한 이자율이 필요함을 알 수 있습니다. 그렇다면 현재 우리나라 금융투자 현실에서 복리의 마법이 제대로 실현될 수 있을까요?

한국이 고도성장을 하던 1980~1990년대에는 금리가 상당히 높았습니다. 1990년대 초반까지만 해도 금리가 10%를 훌쩍 넘었죠. 은행에 저축만 해도 연간 15%의 수익이 나오던 시절이 있었습니다. 1997년 IMF 외환위기 때는 금리가 20%를 넘어 현금을 보유하고 있던 투자자들은 은행 예금이나 채권 금리만으로도 큰 수익을 올렸죠.

하지만 그 후로 한국은행은 2000년대 중반까지 5%대의 기준금리를 유지했고, 2008년 미국발 금융위기로 전 세계 경제에 불황이 닥치면서 2%대로 인하했으며 2015년에 1%대로 더 내렸습니다. 2021년 1월 현재는 경기 상승과 하강에 따라 기준금리를 조절해 0.5%대를 유지하고 있는 상황입니다.

2020년 상반기의 시중 은행 정기예금 금리 중 가장 높은 수준인 연 1.5%를 '72의 법칙'에 적용해보면(72÷1.5) 원금을 2배로 불리는 데 48년이 걸린다는 계산이 나옵니다. 이렇게 낮은 수준의 금리로는 저축해서 돈을 불리기 힘듭니다. 사실상 돈을 단순 보관하고 있는 것과 마찬가지인 실정이죠.

IMF 외환위기 전 은행 이자율이 10%를 넘었을 때는 은행에 돈을 맡겨두고 그 이자만으로도 생활할 수 있었습니다. 은행에 2억 원을 예치하면 매달

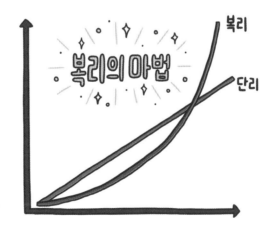

150만 원 이상의 이자 수익을 올릴 수 있었죠. 하지만 지금은 그럴 수 없습니다. 현재 1.5% 이자율로는 2억 원을 예치하더라도 월 25만 원 정도를 받을 뿐입니다. 앞으로도 월 수령액은 더 줄어들 것으로 보입니다. 이러한 초저금리 시대가 지속되면서 은퇴 생활자들은 이자 소득으로 노후를 버티기 어려워졌을 뿐 아니라, 젊은 세대는 미래 소비에 대비해 자산을 축적하기 힘들어졌습니다.

저금리 시대는 아무리 복리가 적용된다 하더라도 필요한 수익을 얻기까지 너무나 오랜 시간이 소요되는 것이 맹점입니다. 그렇기에 하루라도 빨리, 일찍 시작하는 것이 중요합니다. 은퇴 연령을 60세라고 가정하고, 같은 금액을 30세부터 저축했을 때와 40세와 50세부터 저축했을 때의 차이를 비교해 봅시다.

한 달에 100만 원씩 연 2% 수익률의 저축을 했다면 30세가 30년간 저축한 순금액은 3억 6,000만 원이고, 40세는 20년간 2억 4,000만 원, 50세는 10년간 1억 2,000만 원입니다. 이 금액에 복리를 적용하면 **도표 3**과 같습니다.

30세에 시작해서 30년 후의 만기 지급액은 4억 7,298만 421원으로 세후

도표 3 한 달에 100만 원씩 연 2% 이율로 저축 시 복리를 적용했을 때

구분	순 저축금액	세후 이자	만기 지급액
30세에 시작하여 30년간 저축	3억 6,000만 원	1억 1,298만 421원	4억 7,298만 421원
40세에 시작하여 20년간 저축	2억 4,000만 원	4,677만 3,785원	2억 8,677만 3,785원
50세에 시작하여 10년간 저축	1억 2,000만 원	1,904만 7,967원	1억 3,094만 7,967원

자료: 한국은행

이자는 대략 1억 1,298만 421원입니다. 40세의 20년 후 만기 지급액은 2억 8,677만 3,785원으로 세후 이자는 4,677만 3,785원입니다. 50세는 10년 후 만기 지급액이 1억 3,094만 7,967원이며 세후 이자는 1,904만 7,967원입니다.

50세가 10년간의 복리 이자로만 30세에 시작해 30년간 저축한 사람과 비슷한 이자를 얻으려면 매월 1,000만 원씩 저축해야 합니다. 이때 1억 947만 9,673원 정도의 비슷한 이자를 얻을 수 있겠죠. 복리의 효과를 톡톡히 누리려면 오랜 기간 꾸준히 적립해야만 함을 알 수 있습니다. 적은 금액이어도 하루라도 빨리 시작하는 것이 무엇보다 중요하다는 의미입니다.

그러나 아무리 일찍 시작해서 장기간 저축한다 하더라도 저금리 예금상품으로 돈을 불리는 데는 치명적인 한계가 있습니다. 2015년도에 시작된 기준금리 1%대로의 진입이 자산 관리에 많은 어려움과 지각 변동을 가져온 것입니다. 이어서 2020년 3월 0.75%에 이어 5월 0.5%까지 인하되었습니다. 이자율 연 1%로 원금이 2배로 늘어나는 시기는 72년, 여기에 물가상승률을 고려한다면 은행 금리 상품으로는 도저히 자산을 불려 나갈 수 없는 시대가 된 것입니다.

초저금리 시대를 넘어 제로 금리 시대로

문제는 이런 초저금리 기조가 앞으로도 상당 기간 유지될 것으로 보입니다. 더 나아가 금리가 점점 인하되어 장기적으로는 0%대의 금리, 즉 '제로 금리 시대'를 맞이하게 될 것이라는 데 있습니다. 가까운 일본에서는 이미 제로 금리가 현실이 되었죠.

또한 우리 경제는 성숙기를 넘어 급속히 고령화되고 있는 상황입니다. 기업들의 혁신 역량이 떨어지는 한편, 글로벌 경제 환경 또한 장기 침체의 늪에서 빠져나오지 못하고 있습니다. 전 세계적으로 어느 나라 할 것 없이, 투자와 일자리가 잘 늘어나지 않는 구조적 문제에 노출돼 있습니다. 여기에 코로나19 같은 전염병이 창궐하여 그렇지 않아도 힘든 세계 경제를 더 세게 옭아매고 있습니다.

특히 우리나라는 전 세계에서 가장 빠른 속도로 초고령 사회를 향해 치닫고 있기에 고령화와 맞물린 저성장은 간과할 수 없습니다. 연금 외에 별다른 소득이 없는 고령 인구가 늘어나면 생산연령인구가 감소하여 노동시장과 소비시장에도 영향을 미치기 때문입니다. 경기 둔화와 소비 부진으로 인한 바닥없는 디플레이션은 오히려 추가적인 금리 인하를 요구하는 실정입니다.

'저금리', '저성장', '고령화'로 대표되는 지금의 '2저(低) 1고(高)' 시대에는 개인의 오래 일할 수 있는 능력이 점점 더 중요해집니다. 낮은 이율과 부동산 수요 감소, 금융위기 이후 높아진 주식시장의 변동성 등에 따라 기존 투자 방식으로 자산 가치를 늘리기 어려운 상황에서는 상대적으로 노동력의 가치가 높아질 수밖에 없기 때문이죠. 노동력 없이 3억 원을 예금에 넣어두고 매달 이자로 30만 원가량을 받는 것보다 노동을 통해 30만 원을 꾸준히 벌어들일 수 있는 개인의 능력이 중요해지는 것입니다. 빈곤층으로 전락하지 않도록 소일거리일지라도 노동을 통해 제자리를 지켜나가는 것, 그리고 투자를 통해 고수익을 내는 것, 개인은 이 두 가지 선택지를 유동적으로 선택하고 지킬 수 있어야 합니다.

개개인은 가계자산의 구조조정을 통해 과도한 부동산 비중과 이에 따른 부채들을 줄이는 한편, 현금흐름이 잘 나오는 투자형 금융자산들을 늘려야 합니다. 아울러 우리보다 상황이 좋은 해외시장의 자산을 취득해 투자 포트폴리오를 다양하게 꾸리는 게 바람직합니다. 이때 ETF가 의미 있는 역할을 할 수 있을 것입니다.

홍콩의 사례는 저금리 시대에 대처하는 좋은 방향성을 보여준다고 할 수 있습니다. 홍콩은 2002년부터 제로 금리 시대를 맞이했지만, 자본시장이 발달한 덕택에 금리 생활자들이 주식과 펀드, 해외 투자 등으로 방향을 전환하여 금리 위기를 지혜롭게 극복하고 있습니다. 홍콩의 개인 금융상품 중 주식 비중은 1999년 12%에 불과하던 것이 2003년에는 23.8%로 급증했습니다. 펀드 투자 비중도 같은 기간 3%에서 9.8%로 증가했습니다.

우리도 이제 거대한 전환의 시점에 서 있습니다. '저축의 시대'에서 '투자의 시대'로 바뀌어가고 있는 만큼 준비가 필요합니다.

투자는 생존을 위한 보호 장치

2019년에 적용된 최저임금 시급은 8,350원이었습니다. 이를 월급(209시간 기준)으로 환산하면 174만 5,150원입니다. 2020년부터는 이보다 2.9% 인상되어 최저임금 시급이 8,590원, 월급이 179만 5,310원입니다. 불과 5년 전인 2015년의 최저임금 시급이 5,580원, 월급 기준 116만 6,220원이었던 것과 비교하면 54% 가까이 인상된 셈입니다.

그렇다면 우리 생활에 밀접한 물가상승률은 어떨까요? 통계청은 2015년의 물가를 100으로 기준 삼아 현재의 물가를 파악하는 'CPI 소비자물가지수'를 제공했습니다. 2020년 6월 소비자물가지수는 104.87입니다. 2015년에서 2020년까지의 물가 상승률은 5% 정도입니다. 최저임금이 50% 넘게 오르는 동안 물가는 그 1/10만 올랐으니, 적어도 서민층의 삶은 더 풍족해졌을 것으로 보입니다. 하지만 그렇게 느끼는 서민들은 많지 않은 것 같습니다. 최저 생계비가 문제가 아니라 현대인이 추구하는 삶의 질을 고려할 수밖에 없기 때문이지요.

가구들의 표준 생계비를 보면 매년 상승하고 있습니다. 표준적인 삶을 영위하는 데 필요한 비용이 계속 더 늘어나고 있는 것입니다. 그런데 가정에서 예상치 못한 사고나 주 소득원의 이른 퇴직 등으로 가정의 주된 수입이 멈추거나, 혹은 예상치 못한 지출이 크게 증가할 수밖에 없다면 어떤 일이 벌어질까요?

마련해둔 자금이 넉넉히 있다면 당장은 무리가 없을 겁니다. 하지만 새로운 수입원을 마련하기 전까지 계속 지출해야 하는 생활비를 생각한다면 주어진 준비 기간은 생각보다 무척이나 짧을 겁니다. 만약의 상황에 대해 대비가 되지 않은 경우라면 어떨까요? 주택이나 기타 대출금도 많이 남아 있고 저축 금액이 미미한 형편이라면 위기를 모면하기 위해 제3금융권까지 손을 뻗쳐야 할지도 모릅니다. 이런 피치 못할 위험에 대비하기 위해서라도 금융 소득으로 재원을 마련하는 것은 이제 필수불가결한 일이 되었습니다.

부득이 일이 끊겨 노동소득이 없더라도 생활을 유지할 수 있도록 안전장 치를 구축할 필요가 있습니다. 이를 가능하게 하는 것이 금융소득입니다. 간 혹 투자로 일확천금을 벌어 지금의 직장을 때려치우고 일하지 않는 삶을 꿈 꾸는 사람들도 있습니다. 그러나 꾸준한 수입은 너무나도 중요합니다. 금융 소득은 결코 불로소득과 같지 않기 때문입니다.

불로소득으로서의 금융소득이 아닌, 가족의 안전망으로서 금융소득을 운용할 필요가 있다는 말입니다. 즉 수입 중 일부를 적절히 운용해 혹시 모 를 미래에 대비하는 자금을 마련해야 한다는 것을 당부하고 싶습니다.

제로 금리를 향하는 지금, 고금리 시대에 했던 저축과 적금은 돼지저금통 에 돈을 넣는 것과 큰 차이가 없습니다. 사치와 자랑을 위한 투자가 아닙니 다. 위험에 대비할 수 있는 자금, 은퇴자금, 노후자금을 위해 오롯이 나와 가 족의 '생존'을 위한 보호장치로서의 투자를 시작해야 합니다. 이제 금융소득 이 자신과 가족의 생존과 직결되는 시대가 되었습니다. 그 금융소득을 마련 하는 한가운데에는 ETF가 있습니다.

04

똑똑해진 개미를
더 스마트하게 만드는 ETF

#개미들도 이제 그냥 당하지만은 않는다
#불개미, 스마트개미의 반란
#스마트개미들의 화력을 더욱 키우려면?

기울어진 운동장

저금리 시대에 자신과 가족이 생존하고 미래를 기약하기 위해서는 투자
가 필수임을 앞에서 확인하였습니다. 그러면 무엇에 어떻게 투자할지가 관
건이겠죠. 가장 먼저 떠오르는 것이 주식 투자일 것입니다. 원론적으로 보면
주식 투자는 좋은 기업의 주인이 되어 그 기업이 얻은 성과를 주가 상승과
배당이라는 형태로 함께 누리는 것입니다. '현대 자본주의의 꽃'이라 할 만
하지요.

하지만 이런 이상적 상황이 펼쳐지기 위해서는 몇 가지 전제가 필요합니

다. 주가의 등락에 초연한 안정된 심리, 한국 경제와 세계 경제의 흐름을 꿰뚫는 지식과 통찰력, 개별 기업 상황에 대한 빠르고 상세한 정보 취득, 위기때 흔들리지 않는 자금력, 주식 투자를 위한 충분한 시간 투입 등의 투자 여건을 갖추어야 합니다.

성공할 만한 투자 환경을 갖춘 투자자의 모습을 떠올려봅시다. 그는 해박한 경제 지식을 갖추었습니다. 지표 변화를 경기 변화나 기업 성과와 연결할 줄 압니다. 인맥도 튼튼합니다. 거대 자본과 전문 기관들도 모르는 일급 정보를 빠르게 입수합니다. 그는 자신의 집에 투자를 위한 전용 공간도 마련해 두었습니다. 최고 사양 PC에 8대의 모니터를 켜놓고 온종일 주식시장의 변화를 감지합니다. 매매 시스템을 다루는 데도 능통합니다. 결정적 순간이 오면 프로게이머처럼 빠르게 손을 움직여 매매를 체결합니다. 자신이 보유한 주식 종목이 내려가도 느긋이 바라볼 줄 알고, 더 오를 것 같은 상황에도 과감히 던질 줄 압니다. 과연, 이런 투자자가 흔할까요? 기관투자자 중에서도 이런 사람을 좀처럼 찾기 어려울 것입니다.

주식시장에 모여든 투자자 중 개인 투자자, 직장인, 주부 등 전문 투자자가 아닌 투자자들을 통틀어 개미 투자자라고 합니다. 이들 개미 투자자는 주식 종목을 낮은 가격에 매수해서 높은 가격에 되파는 방식으로 수익을 창출하고자 합니다. 하지만 이들은 좀처럼 뜻을 이루지 못했었습니다. 주식 투자 현장이 이들에게 유리하게 돌아가지 않기 때문이죠.

우선 주식시장은 오전 9시부터 오후 3시 30분까지 열립니다. 보통의 직장인들이라면 참여하기 어려운 시간 때입니다. 그리고 주식시장에는 거대 자본들과 전문투자자 등 쟁쟁한 경쟁 상대들이 우글우글합니다. 정보력과 자금력으로 무장한 강력한 이들입니다. 이들을 상대로 수익을 내기란 사실상 쉽지 않습니다.

그래서 주식 투자의 지름길을 찾는 이들도 많습니다. 급등주, 테마주 등을 찾기에 혈안이 되고 관련 정보에 귀를 세웁니다. 물론 성공하는 이들도 있습니다. 하루에 몇천만 원씩 벌어들인 사람도 분명히 존재합니다. 하지만 이 성공이 장기적으로 지속되는 경우는 거의 없습니다. 열 번 중 아홉 번을 그런 투자에서 성공하더라도 마지막 한 번을 실패하면 그동안 축적했던 것을 모두 잃기도 합니다.

개미의 흑역사

앞에서 이야기한 것처럼, 주식 투자 현장은 구조적으로 개인 투자자에게 불리한 여건입니다. 개인 투자자도 시장의 방향을 예측하고 개별 종목에 대해 충분히 공부한 후 정보를 바탕으로 신중하게 투자한다고 말하지만 그 결과는 실패인 경우가 훨씬 더 많았습니다. 주식시장의 투자 주체를 개인, 기

도표5 투자 주체별 평균 수익률 비교

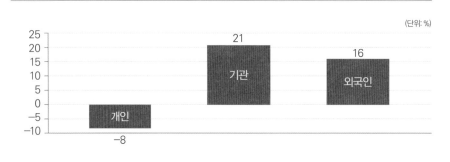

자료: 한국거래소, 이투데이

도표 6 투자자별 주식 수익률 추이

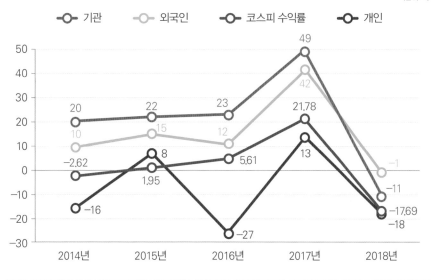

자료: 한국거래소, 이투데이

관, 외국인으로 나누어 투자 성과를 비교해보면, 과거 시장에서 눈물을 흘린 것은 항상 개인 투자자였습니다. 개인 투자자는 주식 투자에서 낙제 수준의 성적표를 받아든 반면, 기관과 외국인은 비교적 높은 이익을 얻었죠.

경제 전문지《이투데이》가 투자 주체별 순매수 상위 20개 종목을 산출해 2014년부터 2018년까지 5년간 주식 투자 수익률을 분석한 적이 있습니다. 그 결과를 보면 개인 투자자는 평균 −8% 손실을 기록했으며 기관투자자는 21% 외국인투자자는 16%의 수익을 누렸습니다. 만약 개인, 기관, 외국인이 5년 전에 100억 원을 주식에 투자했다면 개인의 잔고는 92억 원으로 줄어들었고 기관은 121억 원, 외국인은 116억 원으로 불어난 셈입니다.

도표 6을 보면 개인은 2015년(8%)과 2017년(13%)을 제외하고 2014년

(-16%), 2016년(-27%), 2018년(-18%) 모두 손실을 기록했습니다. 반면 기관과 외국인은 2018년을 제외하고 모두 수익을 거뒀습니다. 투자 주체별 순매수 상위 20개 종목에 대한 투자금액은 비슷했습니다. 개인은 매년 평균 8조 9,618억 원, 기관과 외국인은 각각 8조 5,134억 원, 11조 5,968억 원어치를 사들인 것으로 조사됐습니다. 다만 장바구니에 담은 종목은 서로 달랐습니다.

개미의 주식수익률이 해당 연도 코스피 수익률을 웃돈 경우는 2015년 한 번에 불과했습니다. 기관과 외국인이 손실을 기록한 해는 미·중 무역분쟁으로 국내 주식시장이 부진을 겪었던 2018년이 유일합니다.[2]

불개미, 스마트개미의 탄생

과거 주식시장에서 개미라 불리는 개인 투자자들이 늘 눈물을 흘렸다면, 현재는 다른 모습이 나타나고 있습니다. 개미들이 더는 일방적으로 당하지 않게 된 것입니다. 예전에는 주식시장에 개미가 모여들면 이를 주가 하락 신호로 받아들였습니다. 개미들은 주가가 오를 만큼 오르고 난 뒤 사들이는 후행적 행태를 보이기도 했습니다. 그 결과 비쌀 때 사서 쌀 때 파는 '호구' 소리를 들어야 했죠. 그러나 지금 개미들은 과거와 확연히 다른 모양새입니다. 지수가 하락하는 구간에서 매수하고 지수가 상승하는 구간에서 매도하는 스마트한 양상을 보이기 시작한 것입니다.

이것은 과거의 거듭된 실패에 따른 학습 효과가 나타난 것으로 볼 수 있습니다. 또, 요즘 개미들은 엄청난 학습을 하며 정보로 무장하고 있습니다. 경제 전문 신문과 방송, 공시 정보, 투자 전문 웹사이트, 인터넷 투자 카페,

유튜브 채널 등 정보의 원천도 다양해졌습니다.

개미들의 변화 중 특징적인 모습으로 매도와 매수 타이밍이 과거와 다른 점과 함께 투자 자금을 액티브펀드에서 ETF로 이동시킨 것을 들 수 있습니다. 요컨대 ETF는 똑똑해진 개미들을 더욱더 스마트하게 만드는 무기가 되고 있습니다.

개미의 달라진 모습을 나타내는 용어 몇 가지를 살펴볼까요.

불개미: 불(상승을 나타내는 빨간색)+개미, 불(Bull-시장을 낙관적으로 봄)+개미.

스마트개미: 스마트(현명함, 첨단, 풍부한 정보)+개미.

슈퍼개미: 자산 규모가 큰 개인 투자자, 수십~수백억 원 투자, 경영 참여도 시도.

왕개미: 슈퍼개미보다 거래 금액은 적지만 시장에 상당한 영향을 미치는 거액 개인 투자자.

여왕개미: 시장의 전반적인 흐름을 읽어나가며 주도적으로 활동하는 개인 투자자.

병정개미: 큰 변동기에만 공격적으로 매매하는 개인 투자자.

일개미: 장과 상관없이 꾸준하게 매매하는 투자자.

전업개미: 주식 투자를 전업으로 하는 개인 투자자.

직장개미: 직장에 다니면서 주식 투자를 통한 부가 수익을 목표로 하는 개인 투자자.

개미의 확실한 성공을 위해

개미의 투자 여건과 성과가 과거에 비해 나아진 것은 부인할 수 없는 사실입니다. 기울어진 운동장에서 정보의 비대칭성으로 소외되어 시장의 '호구' 노릇을 하는 경향은 확실히 줄었습니다. 때로는 개미들이 기관 투자자나 외국인 투자자에 앞서서 시장 흐름을 주도하기도 합니다. 그렇다고 해서 개미의 전반적인 투자 성과가 기관과 외국인을 능가한 것은 아닙니다. 여전히 기관과 외국인이 유리한 위치에 서 있고, 현재는 이들과의 간극이 조금 좁혀진 정도라고 할 수 있습니다.

개별 종목 투자에서는 여전히 개미들이 눈물을 흘리고 있습니다. 2020년 11월에는, 코로나19 관련 바이오 종목이나 막 상장한 빅히트엔터테인먼트에 투자했다가 큰 손실을 겪은 개미들도 많았죠.

특별한 재능을 가지고 있는 몇몇 투자자를 제외하고 개인 투자자가 투자할 때 시장의 방향성을 예측하고 수익을 확보하겠다는 발상은 어쩌면 상식적이지 않습니다. 현실적으로 시장이 투자자의 기대대로 움직일 확률이 매우 적다는 것은 시장에 참여한 많은 투자자가 경험적으로 알고 있습니다. 물론 한두 번 또는, 운이 좋아 여러 번 방향성을 맞추기도 하지만 그렇다고 해서 그것이 투자하는 동안 계속될 수 없다는 것에는 누구나 공감합니다.

들쭉날쭉 오르고 내리는 주식시장에서 보통의 개인 투자자들은 오를 때 욕심을 내서 사고 내릴 때 두려움에 팔아버리는 심리적인 습성이 있습니다. 수익을 내려면 주가 수익률이 높을 때 이익이 실현되어 돈이 나가고 반대로 하락할 때 돈이 들어와야 하는데 현실은 그 반대인 경우가 대부분입니다. 상승할 때 자금이 들어오고, 하락할 때 견디지 못하고 팔아서 자금이 나가는 식입니다.

물론, 스마트개미들의 시대에 개인의 개별 종목 주식 투자 전체를 아예 말리려는 의도는 없습니다. 단기적으로 좋은 기회가 찾아왔을 때 적극 활용할 수도 있어야 하죠. 그리고 이상적 조건을 갖추고 치밀한 전략을 펼쳐 장기적으로 수익을 얻는 개인 투자자도 존재합니다. 주식시장에서 수익을 챙기는 개인 투자자는 20% 남짓으로 추정되고 있는데요, 이들 스마트개미의 비율이 더 늘어나고 있는 추세입니다.

그럼에도 우리는 주식 투자 현장에서 개인 투자자들의 현실에 대해 인정할 필요가 있습니다. 개별 종목의 미래를 예측하고 적절한 매수와 매도 타이밍을 잡아 거래하면서 장기적으로 수익을 실현하기 어렵다는 사실을 냉정하게 받아들여야 합니다. 그리고 이제는 다른 대안을 찾아야 합니다. 그것은 장기적으로 우상향하는 주식시장과 자본시장의 속성에 기대하며 장기투자를 하는 방향입니다. 즉 ETF가 추구하는 길이죠. 이미 현명한 개미들이 ETF의 검증된 성과와 무한한 가능성에 주목하며 모여들고 있습니다. ETF는 개미들이 더는 당하지 않게, 똑똑해진 개미들을 더 스마트하게 만들어주는 강력한 도구가 됩니다.

05

워런 버핏의 선택, 불확실성 시대의 강력한 투자 대안

#10년 수익률을 놓고 벌인 세기의 대결
#워런 버핏 옹의 선택은?
#개인 투자자인 당신이 ETF를 해야 하는 이유

좋은 펀드 고르기

스마트개미의 탄생에도 불구하고, 개인 투자자가 불리한 여건 속에서 개별 종목 주식 투자를 통해 장기적으로 수익을 챙기기 어려운 현실임을 살펴보았습니다. 그렇다면 지식과 자본력, 효율적인 거래 시스템으로 무장한 전문가에게 주식 투자를 위탁하면 어떨까요? 꽤 합리적인 선택이 될 것 같습니다. 그래도 여전히 문제가 남습니다. 먼저 현재 존재하는 수많은 주식형 펀드 중 어떤 펀드가 가장 좋을지 알 수 없다는 것입니다. 이것은 개별 주식 종목을 고르는 것과 같은 성격의 딜레마입니다.

(단위: %)

2013년 상위 1%	2014	2015	2016	2017	2018
펀드A	6	9	58	91	90
펀드B	2	9	55	36	23
펀드C	1	7	99	63	98
펀드D	24	22	22	13	3
펀드E	24	61	29	55	90
펀드F	17	50	6	66	34
펀드G	13	19	39	70	34
펀드H	22	74	66	100	14
펀드I	8	35	31	73	14
펀드J	12	35	38	77	25
평균	13	32	44	64	43

자료: 삼성자산운용, 펀드닥터V2

우리가 흔히 '주식형 펀드'라고 할 때는 액티브펀드를 가리킵니다. 앞에서 잠깐 살펴보았듯 펀드는 크게 액티브펀드와 패시브펀드로 나뉩니다. 액티브펀드는 펀드매니저의 전략과 적극적 운용으로 시장의 평균수익률을 초과하는 수익률을 거두고자 합니다. 이를 위해 시장의 흐름을 파악하여 매수와 매도 타이밍을 잡는 마켓 타이밍 전략, 시장을 주도하는 섹터·스타일 등을 매수하고 비주도적 섹터와 테마 종목을 매도하는 테마 전략, 상대적으로 더 높은 수익이 기대되는 주식 종목을 고르는 종목 전략 등을 동원하여 시장 평균수익률을 넘는 성과를 노립니다.

이런 액티브펀드에 투자를 맡기고자 할 때 펀드 운용 회사, 펀드매니저의 역량을 보고 선택하는 것이 일반적이지만, 과거 높은 성과를 거두었던 운용회사나 펀드매니저라 할지라도 계속 잘할지는 미지수입니다.

도표 7 을 보면 2013년에 수익률이 상위 1%에 속하였던 펀드가 그 뒤 5년 동안 어떤 성과를 나타내었는지 알 수 있습니다. 시간이 흐를수록 하위로 밀리는 경향이 나타나며 심지어 몇몇 펀드는 하위 90%대의 저조한 실적을 보였습니다.[3] 미국에서도 이런 경향은 비슷하게 나타납니다. 미국 내 주식에 투자하는 액티브펀드 전체의 단 11.4%만이 3년 동안 상위 25% 구간에 머물렀다는 결과가 나왔습니다.

펀드의 실적이 이렇게 들쑥날쑥하다면 좋은 펀드 고르기는 좋은 주식 종목 고르기만큼 어려운 일이 될 수 있습니다.

액티브펀드는 장기적으로 시장을 이길 수 없다

유력 경제학자나 전문 투자자 중 일부는 액티브펀드가 시장의 평균수익률 이상을 추구하는 목표를 장기적으로 이룰 수 없다고 단언합니다. 주식 투자를 통해 시장수익률을 넘어서는 초과수익률을 얻는 게 불가능하다고 결론을 내리는 것이죠.

시장평균수익률이란 증권시장 전체의 평균수익률을 말합니다. 별도의 시장평균수익률 지표가 따로 있는 것은 아니지만 대표적인 시장의 수익률을 기준으로 삼습니다. 우리나라에서는 한국거래소에 상장된 모든 주식을 대상으로 한 코스피의 수익률이나 코스피 상장 기업 중 상위 200개 종목을 기준으로 산정한 코스피 200 수익률을 기준으로 삼을 수 있습니다. 미국이라면 S&P 500이나 다우존스산업평균지수 수익률이 기준이 될 수 있습니다.

이들은 주식 투자로 시장평균수익률을 넘어서는 게 가능하다면 예외적 상황이라고 말합니다. 제한적 영역에서 잠깐 반짝할 수 있지만, 장기적으로 는 결국 시장 평균에 수렴하는 현상이 나타난다는 것입니다. 현실에서도 5년을 넘어 10년, 그리고 더 장기간으로 갈수록 시장을 이기고 높은 수익률 을 내는 펀드는 거의 없음을 확인할 수 있습니다.

2013년 노벨 경제학상 수상자인 유진 파머(Eugene Fama)는 '효율적 시장 가설'을 내놓았습니다. 그는 증권시장은 매우 효율적으로 작동하기에 이용 가능한 정보가 존재한다면 이것이 즉각 주가에 반영된다고 보았습니다. 즉 모든 정보가 시차 없이 주가에 반영된다면 남보다 더 빨리 정보를 얻은 투자 자가 정보 비대칭을 이용해 이익을 볼 공간이 사라지며 결과적으로 시장 평 균 이상의 초과 수익 실현은 불가능하다는 이론입니다.

그래서 유진 파머는 "누구도 시장을 예측할 수 없다. 따라서 특정 종목에 집중 투자하는 것보다 시장 전체를 사는 것이 더 유리하다"는 결론에 도달 했습니다.

스탠더드 앤드 푸어스(Standard & Poor's)는 매년 한두 차례 전 세계 각 국 가의 펀드시장을 분석하여 패시브펀드와 액티브펀드의 성과를 비교하는 'SPIVA'라는 보드를 발표합니다. 도표 8 은 2019년 6월 기준으로 각 국가 의 액티브펀드들 수익률이 S&P 500 수익률을 이기지 못한 비율을 1년, 3년, 5년으로 구분히여 각각 퍼센트로 나타낸 것입니다. 미국을 보면 지난 5년긴 전체 액티브펀드의 79%가 S&P 500보다 못한 성과를 기록했습니다. 대체로 기간이 길어질수록 액티브펀드의 연평균수익률이 시장지수를 이기지 못하 는 경향을 보였습니다.

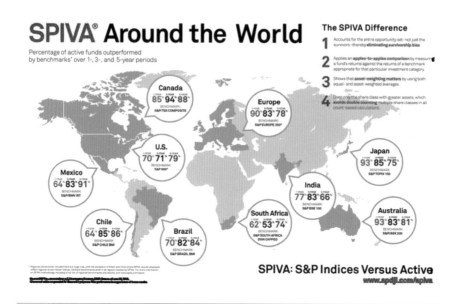

자료: S&PDowJonesIndices, S&PGlobal

　이처럼 실제 투자 현장을 장기간 살펴보면 유능한 펀드매니저가 운영하는 액티브펀드도 시장의 평균수익률을 따라잡지 못하는 게 일반적입니다. 단기적으로는 성과가 난다 하더라도 기간이 늘어나면 결국 시장평균수익률의 벽을 뚫지 못하기 때문입니다. 하루 이틀, 한두 달, 1~2년 단위의 투자가 아니라 장기적으로 투자해야 하는 사람이라면 결국 시장평균수익률을 한계이자 목표로 삼아야 하는 게 현실적인 상황입니다.

워런 버핏의 내기

액티브펀드가 결국 시장평균수익률에 수렴하는 게 피할 수 없는 현실이라고 인정했을 때 가장 문제시되는 것은 투자비용입니다. 우리가 투자할 때는 수익률뿐만 아니라 운용 보수, 거래 수수료 등 투자비용과 세금을 함께 고려합니다. 수익률이 높더라도 투자비용과 세금이 높다면 상쇄되기 때문이죠.

그런데 시장평균수익률이라는 수익률 한계가 자명한 가운데 높은 투자비용을 투입하는 것은 비합리적일 수 있습니다. 더욱이 액티브펀드는 투자비용이 꽤 높은 편입니다. 투자 운용 회사를 운영하고 자신의 금융상품을 마케팅하는 비용, 높은 수준의 펀드매니저 급여, 리서치 비용, 적극적 운용 전략에 따른 잦은 매매로 발생하는 거래 수수료 등을 감당해야 합니다. 액티브펀드는 보통 매년 순자산금액의 2% 내외를 펀드 유지 비용으로 책정합니다. 운영 수익이 마이너스라도 비용 부과에는 예외가 없습니다.

한편, 전설적인 투자자 워런 버핏(Warren Buffett) 버크셔 해서웨이 회장은 2008년 1월 1일부터 흥미로운 내기 게임에 들어갔습니다. 뉴욕의 헤지펀드 프로테제파트너스와 앞으로 10년간 누가 투자에서 더 많은 수익을 내는지를 겨루기로 한 것입니다. 이때 워런 버핏이 선택한 투자는 '뱅가드 S&P 인덱스펀드'였습니다. 미국을 대표하는 500개 기업으로 구성된 S&P 500 지수를 추종하는 인덱스펀드입니다. 반면 프로테제파트너스는 5개의 액티브펀드에 분산투자했습니다. 그리고 10년 후인 2018년 1월 1일 승패가 갈렸습니다. 승자는 워런 버핏이었습니다. 워런 버핏이 선택한 인덱스펀드의 수익률은 연평균 7.1%이었는데 프로테제파트너스가 고른 액티브펀드들의 연평균수익률은 2.2%였습니다. 실제 수익률은 프로테제파트너스가 더 높았습니다. 하지만 운용 보수와 거래 수수료 등 10년간의 투자비용이 수익률을 갉아먹어서 최종 수익률은 이보다 더 낮았던 것이죠. 워런 버핏은 이 내기의 상금으로 222만 달러를 받았고 전액을 자선단체에 기부했습니다.[4]

워런 버핏이 내기에 이긴 사건은 유능한 펀드매니저가 전략적으로 운영하는 액티브펀드라 할지라도 장기적으로 인덱스펀드가 추구하는 시장평균 수익률을 따라잡기 어려우며 특히 비싼 투자비용이 문제가 되고 있음을 잘 드러냅니다.

워런 버핏은 내기 이전부터 인덱스펀드의 가치를 높이 평가해왔습니다. 2013년 버크셔 해서웨이 주주총회 자리에서는 "내 유서에 재산의 10%는 미국 국채를 매입하고, 나머지 90%는 전부 S&P 500 인덱스펀드에 투자할 것을 명시했다"고 밝히기도 했습니다.

워런 버핏은 저평가된 우량주식을 발굴하여 사서 장기 보유하다가 상승하면 수익을 실현하는 가치투자 전문가입니다. 개별 종목에 투자하는 그의 스타일과는 다소 어긋나게도 인덱스펀드의 매력을 강조한 이유는 무엇일까요? 이는 자신이 잘 아는 기업이나 사업에 투자한다는 원칙을 확장한 것으로 보입니다. 그는 "스스로 이해하지 못하고 잘 알지 못하는 투자는 절대로 하지 않을 것"을 고집해왔습니다. 그렇다면 "전문 투자자가 아닌 보통의 개인 투자자들은 시장 전체에 투자하는 인덱스펀드에 장기적으로 투자하는 것이 현명한 투자"라는 결론이 나옵니다.

그리고 저는 여기에 덧붙여 인덱스펀드 중에서도 ETF를 선택하라고 말하고 싶습니다. 투자비용 중 가장 큰 비중을 차지하는 운용 보수를 놓고 보면 액티브펀드가 대략 1.5%~3%, 인덱스펀드는 0.35~1.5%, ETF는 0.15~0.5%입니다. 은행 금리가 연 2%를 넘지 않는 상황에서 운용 보수가 연 2% 차이가 난다면 무엇을 선택해야 할지는 자명하지 않을까요?

06

시작하는 개인 투자자를 위한 최고의 선택

#진짜 나에게 필요한 정보는 찾기 힘든 세상
#직접투자보다는 간접투자
#초보 투자자라면 더욱더 ETF

투자 위험을 피하는 길

많은 사람이 '투자'라는 용어에 두려움을 느끼고 피하는 이유는 위험하다는 판단 때문입니다. 그들이 생각하는 위험은 원금을 날릴 수 있다는 것이죠. 하지만 원금이 법으로 보장되지 않는 것만 위험이 아닙니다. 지나치게 수익률이 낮은 것도 실제적인 투자 위험이죠. 물가상승률보다 낮은 이자 때문에 결국 원금의 실질 가치가 훼손되는 셈이기 때문입니다. 액면 가치가 그대로라 하더라도 사용 가치가 줄어들면 손실을 피할 수 없습니다. 따라서 위험의 성격이 다를 뿐 예금도 위험하기는 매한가지입니다.

투자가 위험하지 않다거나 예금보다 덜 위험하다는 뜻은 결코 아닙니다. 투자는 성과에 따라 수익이 달라지기에 본질적으로 위험을 동반합니다. 높은 수준의 지식과 냉철한 판단력, 전략적인 실천 역량이 요구됩니다.

투자는 매우 전문적인 영역입니다. 투자에는 주식, 채권, 부동산, 현물 등 여러 분야가 있는데, 이와 관련된 정보가 인터넷과 소셜네트워크를 통해 넘쳐납니다. 그야말로 정보의 홍수죠. 그런데 "홍수 때 가장 귀한 것이 물"이라는 말이 있듯, 결정적인 정보는 부족해 보이지 않나요? 투자 전문가라는 사람도 자신이 전문적으로 다루는 분야 외에는 무지한 경우가 많습니다. 이런 상황에서 용감하게 투자에 나서는 것은 그야말로 위험천만합니다. 우리가 추구하는 것은 위험을 효과적으로 줄이면서 수익을 추구하는 방향입니다.

ETF도 위험이 존재하는 투자 수단이지만 구조적으로 위험을 분산하는 장치를 여럿 가지고 있습니다. 이를 잘 활용한다면 낮은 수익률의 위험, 거래가 지체되어 초과 비용을 치르는 위험(펀드 환매 때 주로 생기는 일) 등을 회피하면서 안정적 투자를 할 수 있습니다. 제가 투자를 시작하는 사람들에게 ETF를 적극 추천하는 이유이기도 합니다.

기왕이면 효과적으로

기왕 투자를 결심했다면 잘해야 하지 않을까요? 하지만 전문 투자자가 아닌 생활인인 개인 투자자는 투자를 위해 시간과 에너지를 투입하기가 벅찹니다. 그래서 전문적인 조력을 받으면서도 그 비용이 싸고, 절차가 간편한 투자 수단이 더욱 필요한 실정입니다. 이때 저는 ETF가 가장 유용하다고 생각합니다. 그래서 다음과 같은 제안을 드리곤 합니다.

 초보 투자자라면 이렇게

금융: 예금 < 투자

투자: 직접투자 < 간접투자(펀드)

펀드: 액티브펀드 < 패시브펀드(인덱스펀드)

인덱스펀드: 일반 인덱스펀드 < ETF

주식 투자의 관점에서 보면 이제 막 시작하는 일반 투자자에게 개별 종목 직접투자보다는 간접투자인 펀드가 더 바람직합니다. 펀드 중에서는 액티브펀드보다 패시브펀드인 인덱스펀드가 더 효과적이죠. 인덱스펀드 중에서도 ETF가 가장 유리하고 편리합니다. 물론 이것은 절대적인 기준이 아니며, 투자자의 상황과 시기에 따라 달라질 수 있습니다. 그렇지만 저는 이러한 방식이 이제 막 투자의 세계로 들어선 개인 투자자에게 대부분 적용될 수 있다고 믿습니다. 특히 장기 투자를 염두에 둔다면 더더욱 그렇습니다. ETF의 세계로 들어온 여러분을 환영합니다.

1 다음 중 ETF와 연관 있는 것을 고르세요.

① 직접투자 - 액티브펀드　　　② 간접투자 - 패시브펀드

③ 간접투자 - 액티브펀드　　　④ 직접투자 - 인덱스펀드

2 다음은 ETF 용어를 설명한 것입니다. <u>빈 칸에 들어갈 올바른 단어는 무엇</u>일까요?

Exchange (　　　) Fund

① Treat　　　　　　　　② Transactions

③ Traded　　　　　　　　④ Truckage

3 다음 중 ETF의 장점이라 <u>할 수 없는 것</u>은 무엇일까요?

① 추종하는 지수의 여러 종목으로 분산투자를 쉽게 할 수 있다.

② 주식처럼 쉽게 사고팔 수 있다.

③ 거래 수수료가 아예 없다.

④ HTS 등을 통해 실시간으로 정보가 공개되며 투명성이 높다.

4 2013년 노벨 경제학상 수상자로 '효율적 시장 가설'을 내놓으며, "누구도 시장을 예측할 수 없다. 따라서 특정 종목에 집중 투자하는 것보다 시장 전체를 사는 것이 더 유리하다"는 말을 남긴 사람은 <u>누구</u>일까요?

① 유진 파머

② 존 보글

③ 해리 마코위츠

④ 조셉 스티글리츠

※ 정답은 310쪽에서 확인할 수 있습니다.

Lesson 2

ETF란 무엇인지 꼼꼼히 따져보기

앞서 레슨1에서는 ETF의 기초개념에 대해 자세히 알아보는 시간을 가졌습니다. 이번 레슨2에서는 ETF가 어떻게 구성되어 있고 어떠한 특징이 있는 상품인지 더 자세히 알아보는 시간을 가지려고 합니다. 그리고 ETF에 투자하기 앞서 반드시 알아야 하는 기초 투자 정보들에 대해서도 이야기하고자 합니다. ETF뿐만 아니라 어떠한 투자든 아주 소액을 투자하더라도 투자하기 전에 어떠한 위험과 변수들이 숨어 있는지 꼼꼼히 따져봐야 한다는 것을 잊지 마세요!

01

ETF의 구조 들여다보기

#ETF 기초 뽀개기
#ETF 장점과 특징을 한눈에
#알쏭달쏭한 ETF 구조 전격 해부

ETF, 금융투자 혁신의 총아

저는 ETF라는 투자 수단을 접하고서 그리스신화에 등장하는 영웅 '헤라클레스'를 떠올렸습니다. 헤라클레스는 올림포스 신 중 최고 신 제우스를 아버지로 두고 미모와 덕성과 지혜가 뛰어난 인간 여성 알크메네를 어머니로 둔 반신반인(半神半人)의 존재입니다. 그는 신적인 능력과 함께 인간적인 따뜻함을 동시에 지녔죠. 그는 인간 세상의 숱한 난제를 해결했는데, 끔찍한 형벌을 받던 프로메테우스를 해방한 것이 대표적입니다. 프로메테우스는 제우스가 감춰둔 불을 훔쳐서 인간에게 내주었고 그 형벌로 코카서스 바위에

쇠사슬로 묶인 채 낮에는 독수리에게 간을 쪼여 먹혔다가 밤이면 다시 회복되는 영원한 고통을 겪게 되었죠. 프로메테우스의 간을 쪼아먹던 독수리를 헤라클레스가 화살로 쏘아 죽임으로써 프로메테우스의 고통은 끝났습니다.

ETF에서 헤라클레스를 연상하는 것은 주식과 펀드라는 두 존재의 장점이 절묘하게 조화된 이유이기도 하며, 그가 구해낸 프로메테우스가 불을 통해 인간 문명을 꽃피운 것처럼 ETF가 투자의 새로운 시대를 개척했기 때문입니다.

ETF는 주식의 형태이기 때문에 거의 모든 정보가 실시간으로 공개됩니다. 주식의 한 종목으로서 HTS나 MTS를 통해 편리하게 사고팔 수 있습니다. 그리고 그 내용이 인덱스펀드이므로 펀드의 양방향 투자, 안정성, 비교적 낮은 위험도 등의 장점도 고스란히 갖추고 있습니다. 요컨대 주식과 인덱스펀드의 단점을 보완하고 장점은 극대화한 형태입니다.

도표 9 ETF의 주식으로서 장점

구분	장점	펀드의 경우
거래 속도와 편의성	주식 거래와 똑같이 주문.	금융기관의 상품 가입과 환매 절차를 거침.
매수·매도 타이밍	현재 가격으로 거래.	2~3일 후에 거래가 이루어지므로 그 당시 가격으로 거래.
매수·매도 후 거래	매수·매도 후 대금이 입출금되는 T+2일에 구애되지 않고 매수·매도해야 함.	T+2일 후에 거래 체결되고 여기에 덧붙여 대금이 입출금되는 2~3일 이후에 거래 가능.
운용 보수	운용 보수가 있지만, 펀드보다 50% 이상 저렴함.	ETF 대비 2배 이상의 운용 보수 책정.
거래 수수료	거래 건당 0.015~0.03%로 저렴함 (HTS, MTS).	높은 환매 수수료. 특히 90일 이내 환매하면 이익금의 50~70%를 수수료로 책정.
정보 제공	HTS 등을 통해 실시간 정보 공개.	분기 보고서 등을 문서나 이메일로 제공.

도표 10 ETF의 펀드로서 장점

구분	장점	개별 종목 주식 투자의 경우
안정성	주가 변동성 낮음. 시장의 추이를 관망하며 성과를 공유.	주가 변동성 높음. 개별 종목의 추이에 대해 긴장감을 늦출 수 없음.
분산투자	추종하는 지수의 여러 종목으로 분산투자됨.	해당 종목에 집중 투자.
투자 종목 변수	분산투자되었기에 변수 발생 시 영향력이 분산됨.	변수 발생에 민감. 악재가 생겼을 때 주가 하락.
상장 폐지, 회사 파산	추종 지수 내 개별 종목 상장폐지 시 해당 부분 손실. ETF 상장폐지나 자산운용사 파산 시 수탁은행이 신탁자산을 증권계좌로 되돌려줌.	투자한 종목 상장폐지 시 거래가 불가능하며 회사 파산 시 투자금액 전체의 손실 발생 가능성이 있음.
양방향 투자	인버스 ETF 등을 이용해 상승·하락 양방향 투자 가능.	상승할 때만 수익 실현.
레버리지 투자	레버리지 ETF 등을 이용해 상승률 2배 등의 투자 가능.	상승한 폭만큼 수익 실현.
포트폴리오 조정	보통 연 1~2회 포트폴리오 내 투자 종목과 비중 조정.	개별 종목이므로 포트폴리오 조정이 없음.

ETF는 현대 금융투자의 총아(寵兒)라 불리며, 투자를 '민주화시켰다'는 평가를 받기도 합니다. ETF는 과거 거대 자본이나 기관의 전문투자자 전유물이었던 다양한 포트폴리오와 자산군에 쉽고 효율적으로 접근할 수 있도록 길을 터놓았기 때문입니다.

투자 절차와 경로 또한 대폭 단축함으로써 펀드임에도 불구하고 주식 한 종목을 거래하듯이 한 주, 두 주 단위로 매매할 수 있도록 했습니다. 다양한 투자 자산을 심지어 국경을 넘나들면서 투자하는 것도 간단해졌죠. 이는 ETF가 투자시장에 가져온 엄청난 유연성이자 혁신이라 할 수 있습니다.

ETF의 구조

ETF의 구체적인 모습을 파악하기 위해 개별 ETF를 살펴볼까요? 포털사이트 네이버의 상단 메뉴 중 '증권' 메뉴의 '국내증시'를 선택하고 왼쪽 메뉴의 'ETF'를 클릭하면 국내 증시에 상장된 ETF 목록이 노출됩니다. ETF 관련 페이지에 들어가면 ETF의 성격을 간략히 소개하는 글이 나옵니다.

"ETF(상장지수펀드)는 기초 지수의 성과를 추적하는 것이 목표인 인덱스

도표 11 네이버에서 상장 ETF 찾아보기

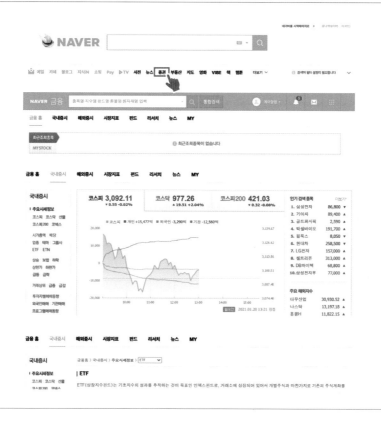

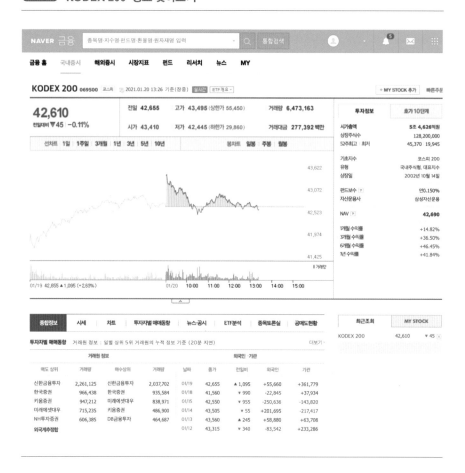

펀드로, 거래소에 상장되어 있어서 개별 주식과 마찬가지로 기존의 주식 계좌를 통해 거래를 할 수 있습니다. 그 구성 종목과 수량 등 자산구성내역(PDF)이 투명하게 공개되어 있고, 장중에는 실시간으로 순자산가치(NAV)가 제공되어 거래에 참고하실 수 있습니다. ETF는 1좌를 거래할 수 있는 최소한의 금액만으로 분산투자 효과를 누릴 수 있어 효율적인 투자 수단이며, 펀드보다 운용 보수가 낮고 주식에 적용되는 거래세도 붙지 않습니다."

지금까지 살펴본 ETF의 개념과 장점에 대한 이야기와 같습니다. '자산구성내역 (PDF)'과 '순자산가치(NAV)'라는 낯선 단어가 등장하는데 뒤에서 더 자세히 알아보려 합니다. 이 화면에서 'KODEX 200'을 선택하면 ETF의 개별 ETF가 어떻게 이루어졌는지 알 수 있습니다.

그리고 도표 13 처럼 오른쪽 상단의 '투자정보'를 살펴볼 수 있습니다. '시가총액', '상장주식수', '52주최고|최저' 등은 보통의 주식 종목의 경우와 같습니다. KODEX 200이라는 종목명 옆에

도표 13 'KODEX 200' 투자정보	
투자정보	**호가 10단계**
시가총액	5조 4,626억원
상장주식수	128,200,000
52주최고 | 최저	45,370 | 19,945
기초지수	코스피 200
유형	국내주식형, 대표지수
상장일	2002년 10월 14일
펀드보수 ?	연0.150%
자산운용사	삼성자산운용
NAV ?	**42,690**
1개월 수익률	+14.82%
3개월 수익률	+36.50%
6개월 수익률	+46.45%
1년 수익률	+41.84%

'069500'이라는 종목 코드가 나옵니다. ETF가 주식의 한 종목으로 거래되기 때문이죠.

기초 지수: 그렇다면 '기초 지수'란 무엇일까요? ETF는 인덱스펀드이기 때문에 추종하는 기초 지수가 반드시 존재해야 합니다. 이 지수의 성과를 그대로 복제하기 위해 지수 내 종목들을 포트폴리오에 편입하게 됩니다. 우리가 살펴보고 있는 'KODEX 200'의 기초 지수는 '코스피 200'입니다. 코스피 (KOSPI: Korea Composite Stock Price Index)는 한국종합주가지수를 말하며, 코스피 200은 한국거래소 유가증권시장의 전 종목 가운데 시장 대표성, 유동성, 업종 대표성 등을 기준으로 상위 200종목을 선정하여 그 시가총액을 지수화한 것입니다. 한국 주식시장의 현황을 보여주는 대표 지수라 할 수 있

죠. KODEX 200은 펀드 내에 코스피 200의 종목들을 담아서 코스피 200 지수와 수익률이 연동되도록 만든 인덱스펀드입니다. 이렇듯 ETF는 항상 추종하는 기초 지수를 갖습니다. 국내에 상장된 ETF는 코스피·코스닥 등의 국내 주가지수, S&P 500과 나스닥·중국 본투주 등의 해외 주가지수, 2차전지·삼성그룹·고배당 등 국내 업종·테마별 지수, 원유선물·금선물 등의 원자재 선물지수, 단기채·통안채 등의 채권지수를 비롯한 다양한 지수를 추종하고 있습니다.

유형: 그 아래에 유형이 나오는데 '국내주식형, 대표지수'라고 되어 있습니다. 이는 ETF의 유형을 분류한 것입니다. ETF는 추종하는 지수에 따라 국내주식형, 해외주식형, 채권형, 통화형, 상품형, 부동산형, 파생형 등으로 나뉩니다. 이 중에서 국내주식형에 해당하는 ETF는 매매 차액에 대해 세금이 붙지 않습니다. 그 외 ETF는 15.4%의 양도세가 부과됩니다.

펀드보수: '펀드보수'도 등장하는데, KODEX 200의 연간 운용 보수는 0.15%입니다. ETF는 주식의 한 종목처럼 거래되지만 본질적으로 펀드이므로 개별 주식 종목과 달리 운용 보수가 붙습니다. 그래도 액티브펀드는 물론 일반적인 인덱스펀드보다 수수료가 저렴한 편입니다.

자산운용사: '자산운용사' 항목은 이 ETF를 운용하는 회사를 말합니다. ETF는 주식으로 거래되기에 모든 증권회사에서 모든 종목을 거래할 수 있습니다. 그런데 이 ETF를 개발하여 내놓고 운용하는 회사는 따로 있습니다. 현재 국내에는 교보악사자산운용, 대신자산운용, 마이다스에셋자산운용, 멀

티에셋자산운용, 미래에셋자산운용, 브이아이자산운용, 삼성자산운용, 신한비엔피파리바자산운용, 엔에이치아문디자산운용, 우리자산운용, 유리자산운용, 케이비자산운용, 키움자산운용, 키움투자자산운용, 하나유비에스자산운용, 한국투자신탁운용, 한화자산운용, 흥국자산운용, DB자산운용, KTB자산운용의 15개 회사가 ETF 상품을 운용하고 있습니다.

NAV: 이어서 나오는 'NAV'는 'Net Asset Value'의 약자로 '주당순자산가치'를 말합니다. 이것은 펀드의 순자산총액을 발행 주식 수로 나눈 것입니다. 즉 펀드의 가치를 말하죠. 한국거래소는 ETF의 주가와 함께 주당순자산가치(NAV)를 10초 단위로 공개합니다. ETF 가격은 보통 주당순자산가치 근처에서 형성되는 것이 일반적입니다. 개별 기업의 주가는 여러 변수가 개입되기에 객관적으로 측정하기 쉽지 않습니다. 그러나 ETF의 실질 가치는 자동으로 산출됩니다. 해당 ETF 내의 투자 종목의 총수량에 현재 가격을 곱하여 모두 합산하면 되기 때문입니다. 결과적으로 주당순자산가치(NAV)와 ETF 가격은 일치하는 것이 이론적으로 정상인 상황입니다.

괴리율: 그런데 실무상으로 ETF 주가가 NAV와 다르게 나타날 때가 있습니다. 예를 들어 A라는 ETF의 NAV가 10,000원인데, ETF 주가가 9,500원으로 저평가된 상태이고 10,500원이라면 NAV보다 비싸서 고평가된 것입니다. 이때 ETF 주가와 주당순자산가치(NAV)의 차이를 '괴리율'이라 합니다.

$$괴리율(\%) = [ETF \ 종가 - NAV] \div NAV \times 100$$

거래가 활발한 ETF 종목은 풍부한 유동성을 바탕으로 ETF 주가와 NAV 사이에 괴리가 잘 생기지 않습니다. NAV와 주당순자산가치의 괴리가 생기는 이유는 주로 거래량이 적을 때 매수와 매도 호가 사이의 간극이 일어나기 때문입니다. 이를 호가 스프레드 비율이라 하는데 주식시장의 최우선 매도호가와 최우선 매수호가의 차이를 말합니다. ETF에서는 이 비율이 1% 이상 차이가 나면 LP(Liquidity Provider: 유동성 공급자)가 5분 이내에 양방향 호가를 100주 이상 의무적으로 제출하여 호가 스프레드 비율을 1% 이내로 만들어야 합니다. 해외의 경우는 3% 이내입니다.

이렇듯 거래량이 적어서 호가 스프레드 비율이 높아지고 괴리가 발생한 종목의 경우 유동성공급자(LP)로 하여금 의무적으로 주문을 내게 하여 괴리를 줄이는 제도적 장치가 마련되어 있습니다. 따라서 호가 스프레드 비율은 일정 범위 내에서 유지됩니다. 그런데도 시장에서 괴리가 생기곤 하죠. 여기엔 여러 이유가 있습니다. 먼저 유동성 공급자는 오전 9시 10분에서 오후 2시 50분 사이에 주문을 내어 가격을 조정하는데, 오후 2시 50분에서 3시 사이의 가격 결정에는 참여하지 못하게 됩니다. 이때는 NAV와 관계없이 주가가 고평가 또는 저평가될 수 있습니다.

이렇게 괴리가 생기면 다음 날 시장 개장 후 바로 정산됩니다. 그리고 유동성공급자(LP)가 자신이 손해 보지 않는 범위에서 호가를 제시하기 때문에 괴리가 좁혀지지 않기도 합니다. 한국거래소에서는 괴리율이 3% 이상 10일 지속된 ETF에 대해 상장폐지를 합니다. ETF 가격 기준이 되는 주당순자산가치와 지나치게 별개로 움직인다면 ETF의 본질이 훼손된 것으로 보기 때문입니다.

추적오차율: 괴리율과는 별개의 개념으로 '추적오차율'이 있습니다. 이것은 추종하는 기초 지수와 주당순자산가치(NAV) 간에 차이가 생긴 것을 말합니다. 추적오차율이 크다면 ETF로서 제 기능을 하지 못한다고 평가할 수 있습니다. 예를 들어 코스피 200 지수가 10% 상승할 때 이 지수를 추종하는 KODEX 200의 NAV도 10% 올라야 정상입니다. 그런데 8%만 올랐다면 추적오차율이 2%P 생기죠. 투자자는 그만큼 수익률 손실을 감수해야 합니다. 기초 지수를 추종하는 ETF에서 추적오차율이 생기는 이유는 무엇일까요? 그것은 ETF가 기초 지수 해당 종목 전체를 편입하는 완전복제 방식을 쓰지 않고 거래비용 절감과 운용 편익을 위해 대표 종목만 편입하는 등의 부분복제 방법을 쓰기 때문입니다. 추적오차가 거의 없어야 바람직한 ETF라 할 수 있습니다.

PDF: 개별 ETF 현황 화면을 조금 더 내리면 'ETF 주요 구성 자산'이라는 항목을 볼 수 있습니다. 이것은 ETF의 핵심 정보인 PDF(Portfolio Deposit File: 자산구성내역)입니다. 이 ETF가 어떤 종목을 얼마나 보유하고 있는지를 나타내는 것이죠. 이 PDF를 통해 해당 ETF의 보유 종목과 그 비중을 실시간으로 확인할 수 있습니다. 이 페이지의 첫 화면에는 주요 10종목만 제시되어 있고 '더보기' 메뉴를 통해 더 자세한 보유 내역을 확인할 수 있습니다. KODEX 200의 경우 삼성전자, SK하이닉스, NAVER, LG화학, 셀트리온 등을 주요 자산으로 보유하고 있습니다.

도표 14 KODEX 200 주요 구성자산 살펴보기

ETF 주요 구성자산
더보기ㆍ

구성종목(구성자산)	주식수(계약수)	구성비중	시세	전일비	등락률
삼성전자	8,113	29.58%	55,900	▲ 500	+0.90%
SK하이닉스	966	4.69%	74,500	▲ 2,700	+3.76%
NAVER	218	4.44%	312,500	▲ 7,000	+2.29%
LG화학	79	3.60%	699,000	▲ 32,000	+4.80%
셀트리온	179	3.51%	301,000	▼ 4,000	-1.31%
카카오	107	2.58%	370,000	▲ 5,500	+1.51%
현대차	243	2.47%	156,000	▲ 1,000	+0.65%
삼성SDI	89	2.46%	423,500	▲ 9,000	+2.17%
엔씨소프트	32	1.72%	823,000	▲ 40,000	+5.11%
LG생활건강	16	1.63%	1,563,000	▲ 63,000	+4.20%

∗ 1CU를 기준으로 하여 최대 10개까지의 구성자산을 보여드립니다.
∗ 구성종목, 주식수 및 구성비중은 전일 기준입니다.
∗ 일부 유형의 ETF는 그 특성상 주식수 및 구성비중 제공이 어려울 수 있습니다.

02

종목명으로 ETF
한눈에 파악하는 법

#ETF 이름만 보면 상품 성격을 알 수 있다고?
#종목명에 다 계획이 있구나
#운용사와 브랜드도 한눈에

ETF 종목명을 보면 상세한 설명을 듣지 않아도 그 ETF의 성격을 한눈에 파악할 수 있습니다. ETF 종목명에 펀드 운용 회사, 추종하는 지수와 투자 전략, 파생 상품 여부, 운용 방식, 환헤지 여부 등이 포함되어 있기 때문입니다. 구체적인 사례를 통해 자세히 알아볼까요?

운용 회사와 브랜드

ETF 종목명 가장 앞에는 운용 회사의 브랜드가 붙습니다. 'KODEX…',

도표 15 국내 주요 ETF 운용사 브랜드

국내 ETF 운용사	ETF 브랜드
삼성자산운용	KODEX
미래에셋자산운용	TIGER
KB자산운용	KBSTAR
한국투자신탁운용	KINDEX
한화자산운용	ARIRANG
NH아문디자산운용	HANARO
키움투자자산운용	KOSEF
신한BNP파리바자산운용	SMART
교보AXA자산운용	파워
DB자산운용	마이티
유리자산운용	TREX
하이자산운용	FOCUS
마이다스에셋자산운용	마이다스
흥국자산운용	흥국
하나UBS자산운용	KTOP

도표 16 미국 주요 ETF 운용사 브랜드

미국 ETF 운용사	ETF 브랜드
블랙록	iShares
뱅가드	Vanguard
스테이트 스트리트	SPDR
Invesco	Invesco
찰스슈왑	Schwab
퍼스트트러스트	First Trust
백엑	Vaneck
위즈덤트리	WisdomTree

'TIGER…' 같은 식으로요. 국내 ETF와 해외 상장 ETF 모두 마찬가지입니다. 투자할 ETF 투자를 고려할 때 운용 회사는 중요한 선택 기준이 될 수 있기 때문입니다. 국내 ETF 운용 회사의 브랜드는 도표 15 와 같습니다.

우리나라 ETF 중에서는 삼성자산운용의 KODEX, 미래에셋자산운용의 TIGER ETF가 순자산과 종목 수 면에서 가장 앞서 있습니다. 이 ETF 브랜드에 속한 종목들의 거래가 가장 활발합니다. 그리고 KB자산운용 KBSTAR, 한화자산운용 ARIRANG, 한국투자신탁운용 KINDEX, 키움투자자산운용 KOSEF 등이 그 뒤를 잇고 있습니다.

해외 상장 ETF 중 가장 대표적인 미국 주요 ETF 운용사들의 브랜드는 도표 16 과 같습니다.

추종하는 기초 지수와 투자 전략

ETF 종목명의 브랜드 다음에는 추종하는 기초 지수와 투자 전략이 나옵니다. 어떠한 영역에 투자할 것이며 어떤 전략으로 투자할 것인지 등이 담겨 있는 거죠. 투자 대상이 국가별 주식지수가 될 수도 있고, IT나 채권과 같은 섹터가 될 수도 있습니다.

예를 들어 'TIGER 200'은 미래에셋자산운용이 운용하는 ETF로 코스피 200 지수를 추종하는 ETF이며 'KODEX 2차전지산업'은 삼성자산운용이 운용하는 2차전지산업에 투자하는 ETF입니다.

파생상품

그다음으로는 파생상품 성격을 나타냅니다. ETF는 옵션 등을 활용하여 파생상품 투자가 가능합니다. 여기에는 '레버리지(leverage)'와 '인버스(inverse)' 두 가지가 있습니다. 레버리지는 영어로 '지렛대'라는 의미인데 투자 수익을 증대하는 효과가 있습니다. 즉 지수 상승의 배수 수익률을 추구하는 것입니다. 지렛대가 부러지면 타격이 크듯 그만큼 리스크도 감수를 해야 합니다. 국내 ETF에서는 레버리지 2배가 최대입니다. 미국 등 외국에서는 최대 4배의 레버리지가 가능한 상품들도 있습니다. ETF에서는 하락할 때 수익을 추구하는 종목도 있습니다. 인버스는 영어로 '뒤집다'는 의미로 지수가 빠질 때 수익을 얻을 수 있는 상품입니다. 이 인버스에도 레버리지를 적용할 수 있습니다. 예를 들어 'KODEX 코스닥150선물 인버스' 삼성자산운용이 코스닥150선물 지수를 기초 지수로 운영하는데 하락할 때 수익을 추구하는 ETF이며, 'KODEX 코스닥150 레버리지'는 코스닥150 지수 수익률의 2배수를 추종하는 ETF입니다.

운용 방식

ETF 종목 명칭 뒤에 괄호가 붙는 경우가 있습니다. 그 안에는 액티브, 합성, H 등의 용어가 들어갑니다. 액티브는 운용사 판단에 따라 적극적으로 운용한다는 의미로 시장평균수익률보다 높은 수익을 추구하겠다는 뜻입니다. 물론 위험성도 따라서 커집니다. 합성은 추종이 어려운 투자 대상에 투

자할 수 있도록 증권사와 운용사가 계약을 맺었다는 의미입니다. 합성 ETF
는 담보 부실 위험, 불완전 판매 등 여러 위험을 잘 조절하면 효율적인 투자
상품으로 만들 수 있습니다.

끝에 'H'가 붙은 ETF 상품도 있습니다. 여기서 H는 '헤지(Hedge)'의 약자
입니다. 헤지는 가격 변동의 위험을 제거하는 것인데, 환율 변동에 의한 수
익률 변동을 막겠다는 것을 뜻합니다.

지금까지 살펴본 것을 종합해서 ETF 종목 하나를 예시로 살펴볼까요?

TIGER 미국S&P500 레버리지(합성H)	
TIGER	미래에셋자산운용이 운용하는 국내 ETF 브랜드.
미국S&P500	미국 S&P 500 지수를 추종.
레버리지	S&P 500 지수 일간 수익률의 2배수를 추적.
합성	증권사 또는 투자은행이 실제 주식 매입이 아닌 다른 방법을 통해 S&P 500 지수의 움직임과 같이 가도록 운영함.
H	환율 등락에 영향을 받지 않도록 환헤지가 되었음.

03

ETF와 비슷한 금융상품들

#ETF와 비슷한 ETN은 뭘까?
#EMP펀드란?
#비슷하면서도 다른 금융상품들

ETN

ETF와 유사한 형태의 금융투자상품으로 ETN(Exchange Traded Note)이 있습니다. ETF와 마지막 단어만 다르죠. ETF는 '상장지수펀드'이며, ETN은 '상장지수증권'이라 번역할 수 있습니다. ETN도 ETF처럼 기초 지수의 수익을 추종하는 투자상품입니다. 거래소에 상장되어 있기에 주식계좌를 통해 개별 주식 종목에 투자하는 것과 똑같은 방식으로 투자합니다. 지수 내 여러 종목에 투자하기에 분산투자가 이루어지며, ETF와 마찬가지로 주식거래세도 부과되지 않습니다. ETF가 NAV(주당순자산가치)를 공개하듯 실시간으로 지표가치(IV)를 제공하는 것도 똑같습니다.

그러나 ETN은 ETF와 네 가지 면에서 차이가 있습니다. 발행 주체, 신용 위험, 기초 지수, 만기가 그것인데요. 첫째 ETF의 발행 주체는 자산운용사이지만, ETN의 발행 회사는 증권회사입니다. 둘째, ETN은 신용 위험이 있습니다. ETF의 경우, 거래 대금이 자산운용사의 수탁은행에 예치됩니다. 수탁은행은 자산운용사의 고유자산과 투자자가 맡긴 신탁자산을 구분하여 별도로 보관합니다. 그래서 자산운용사가 파산하면 수탁은행이 신탁자산을 투자자의 계좌로 돌려줍니다. 투자금을 통째로 날릴 위험은 거의 없는 셈이죠. 하지만 ETN은 발행 회사의 신용을 근거로 발행하는 무보증 무담보 사채와 같이 신용 위험이 있는 상품입니다. 발행 회사가 파산했을 때 투자 금액을 받지 못할 수도 있죠. 셋째, ETF는 포트폴리오 내에 기초 지수 내 종목을 10종목 이상으로 구성해야 하지만 ETN은 5종목 이상이면 구성할 수 있습니다. ETF보다 더 유연하게 다양한 지수를 개발할 수 있는 셈입니다. ETF는 만기가 없지만, ETN은 1년 이상 20년 이내의 만기로 발행한다는 차이점도 있습니다. 만기까지 보유할 경우 투자 기간의 기초 지수 수익률에서 관련

도표 17 ETN과 ETF 차이

	ETN	ETF
발행 주체	증권회사	자산운용사
신용 위험	강함: 발행 회사의 신용	약함: 수탁은행이 투자자 신탁자산 보관
종목 구성	기초 지수 종목 중 5종목 이상	기초 지수 종목 중 10종목 이상
만기	1~20년	없음
투자 성격	상대적으로 공격적이고 유연함	상대적으로 보수적

비용을 제한 후 투자자에게 지급합니다. 물론 만기 이전에도 중도환매 또는 거래소를 통한 매매를 할 수 있습니다.

EMP펀드

ETF를 간접적인 방식으로 투자할 수도 있습니다. ETF로 구성된 펀드인 EMP(ETF Managed Portfolio)에 가입하면 됩니다. ETF에 투자하고 싶지만 여러 여건으로 인해 종목을 고르고 매수와 매도 시기를 판단하는 등 직접투자가 어렵다면 전문가에게 ETF 투자를 위임하는 방식을 선택할 수 있습니다. EMP를 선택할 때는 그 펀드의 철학과 운용 전략을 잘 살핀 후 충분히 동의해야 합니다. 펀드이므로 운용 보수를 치러야 하지만, 보통의 액티브펀드보다 상대적으로 낮은 편입니다. 온라인에서 가입하면 운용 보수가 0.5~1.5% 정도입니다.

여러 증권사가 ETF를 활용한 금융투자상품을 내놓고 있습니다. '적립식 ETF펀드', 'ETF랩' 등의 이름을 달고 있죠. 그리고 은행의 ETF 신탁상품은 대체로 코스피 200을 추종하며 거치식 또는 적립식으로 투자하는 구조입니다. 신탁이기에 만기도 5~10년이고 반강제적으로 장기 투자를 할 수밖에 없는 구조입니다.

04

ETF 투자 기본과
거래 방법

ETF 투자 원칙 세우기

ETF를 투자할 때는 나만의 투자 원칙을 만들어 두고 이것을 반드시 지켜야 합니다. 그리고 투자금액의 상한선을 두고 내가 손해를 감당할 수 있는 범위에서만 투자를 하는 것이 바람직합니다.

일단 ETF 설정 규모가 크고 거래가 많은 종목을 주로 선정하세요. 국내 ETF 중에서는 레버리지 ETF와 인버스 ETF가 거래량이 가장 많습니다. 대표지수 ETF와 KODEX 삼성그룹, KODEX 증권 등이 거래가 많고 해외 종목으로는 미국과 중국의 종목들이 유동성이 높은 편입니다.

ETF는 장기 투자에 매우 유리하지만, 현실적으로 장기 투자하는 데 어려움이 있습니다. 매매가 손쉽다 보니 자주 유혹에 휘말리기 때문이지요. 코스피 200의 경우도 1년 중 저점과 고점의 등락률이 30~50% 범위로 움직일 확률이 무려 70%가 넘습니다. 이 과정에서 순간적인 매수나 매도 욕구가 자주 일어나기 마련입니다.

이때 ETF 데이트레이딩은 효과적이지 않습니다. 잦은 거래로 인한 수수료 때문에 ETF의 장점인 저비용 효과가 사라지기 때문입니다. 그리고 등락 폭이 개별 주식보다 훨씬 작아서 매력적이지 않습니다. ETF는 개별 종목보다 등락 폭이 적습니다. 그러나 업종을 대표하는 섹터 ETF, 해외지수 ETF는 상대적으로 등락 폭이 큰 편이므로 여기에 대한 관심과 연구가 필요합니다.

2010년 2월 레버리지 ETF가 등장하면서 단기 매매도 증가하는 추세입니다. 단기 투자를 할 때는 목표 수익률을 사전에 정해두고 목표가에 도달하면 미련 없이 이익을 실현해야 합니다. 이와 함께 손절매 기준을 정해두고 하락했을 때도 즉시 판매해야 합니다.

주식과 똑같은 거래 방식

ETF는 증권거래소에 상장된 주식처럼 거래됩니다. 따라서 모든 증권회사에서 모든 종목의 ETF를 거래할 수 있습니다. 하지만 신용거래, 대주거래, 대량거래는 지정판매회사에서만 가능합니다. 지정판매회사는 해당 ETF를 발행한 자산운용사 웹사이트의 종목 안내 페이지에서 확인하면 됩니다.

ETF는 거래 방식이 주식과 똑같습니다. 종목마다 코드가 부여되고 모든 증권사를 통해 거래할 수 있습니다. 증권사 객장에 직접 방문하지 않아도 개인용컴퓨터와 인터넷을 활용한 HTS(Home Trading System)나 스마트폰 앱의 MTS(Mobile Trading System)을 통해 매우 편리하게 거래할 수 있습니다.

주문과 결제 절차

일반 펀드는 환매 신청한 후 현금화하기까지 4~7일이 걸립니다. 매도 주문 후 2일 후에 거래가 진행되며, 그로부터 2일 후에 계좌로 대금이 입금되는 형식입니다. 영업일 기준이므로 중간에 휴일이 끼면 이 날짜는 더 늘어나겠죠.

하지만 ETF는 주식처럼 사고팔기에 영업일 기준 만 2일이 지나면 현금화할 수 있습니다. 매도나 매수 주문을 내어 체결되면 실제 대금 결제는 영업일 기준 3일째 날 이루어집니다. 예를 들어 월요일에 주문을 내어 체결되면 수요일에 결제 계좌에 돈이 들어옵니다. 그러므로 현금을 찾아 써야 하는 사람은 최소한 2일 전에 매도해야 합니다.

그런데 매매 체결이 끝난 후 곧바로 다음 주문을 할 수 있습니다. 예를 들어 오전 11시에 매수 주문이 체결되었다면, 11시 이후 언제든 매도 주문을 낼 수 있죠. 지체 시간 없이 매수와 매도가 가능하다는 장점이 있습니다.

거래 필수 확인 사항

거래 시 반드시 체크해봐야 하는 사항들을 알려드리려고 합니다. 이용하는 증권사 HTS·MTS의 종목 정보나 한국거래소, 증권정보포털, 포털사이트의 증권정보, ETF 상품을 출시한 자산운용회사 웹사이트에 가면 ETF의 개요, 기초 지수, 총비용, 기준가, PDF, 환율, 투자 방법 등이 자세히 나와 있으므로 이를 차분히 살펴본 후에 거래해야 합니다.

운용회사: 앞에서 ETF 브랜드를 통해 ETF 운용회사를 파악할 수 있음을 이야기했습니다. 종목을 선택할 때 ETF 브랜드는 의미 있는 기준이 됩니다. 총자산 규모가 크고 거래량이 많은 곳이 더 편리하고 유리합니다.

거래량: 거래량이 많을수록 인기 있는 ETF이며 괴리율이 잘 생기지 않습니다. 같은 추종지수의 ETF라면 거래량이 많은 쪽이 더 유리합니다.

과거 수익률: ETF의 과거 수익률은 경제 상황과 개별 기업이나 산업의 여건에 따라 얼마든지 달라질 수 있습니다. 그렇지만 전반적인 추이를 분석하고 현재 상황을 판단하는 데 참고할 수 있습니다. 추종지수가 같은 ETF끼리 비교해보아도 좋습니다.

펀드 운용보수: ETF의 취지로 볼 때 운용보수는 낮을수록 좋습니다. 인덱스펀드는 액티브펀드의 적극적 운용에 따른 높은 투자비용을 절감하는 효과가 있으며 ETF는 인덱스펀드 중에서도 운용보수가 더 낮은 것이 특징입

니다. ETF는 대개 연간 0.15~0.5%의 운용보수를 책정합니다. 이 금액은 별도로 징수되지 않고 NAV를 계산할 때 차감됩니다.

기초 지수와 PDF: 어떤 지수를 추종하는지, 내가 선택한 기초 지수와 일치하는지 먼저 확인해야 합니다. 그리고 그 지수 내 구성된 주식 또는 투자 대상의 비중인 PDF를 확인해보아야 하고요. 쉽게 말해 어떤 종목이 어떤 비율로 바스켓에 포함되었는가를 보는 것입니다.

특히 합성 ETF의 경우 PDF 종목의 위험평가액 비율이 제공되는데, 이것이 5%를 넘어선다면 위험하다고 볼 수 있습니다.

같은 지수를 추종하는 ETF라 하더라도 운용회사에 따라 PDF 구성에서 차이를 보일 수 있습니다. 예를 들어 증권업종 주식을 지수로 만들어 추종

도표 18 'KODEX 증권'과 'TIGER 증권'의 PDF(2020년 8월 21일 기준)

	KODEX 증권	TIGER 증권
미래에셋대우	26.16%	29.73%
한국금융지주	17.01%	18.24%
삼성증권	14.21%	13.67%
NH투자증권	10.11%	9.73%
키움증권	9.83%	9.20%
메리츠증권	8.22%	7.22%
대신증권	2.44%	2.31%
SK증권	2.04%	1.94%
유안타증권	2.04%	1.91%
유진투자증권	1.89%	1.81%

하는 KODEX 증권과 TIGER 증권은 그 구성 내역이 다릅니다.

NAV와 현재가의 괴리율 확인: ETF에는 현재가와 NAV라는 2개의 가격이 있습니다. 현재가는 주식시장에서 거래되는 가격입니다. 앞에서 보았듯 NAV는 순자산가치로서 적정 가격이라고 생각하면 됩니다. 즉 현재 자산에서 부채와 기타 비용을 뺀 것입니다. 괴리율은 현재 시장가격과 NAV 기준가격 간의 차이를 말합니다. 같은 지수를 추종하는 ETF도 운용사의 운용 능력 등에 따라 괴리율이 다릅니다.

추적오차율 확인: 기준가격과 지수와 차이는 없는가를 확인합니다. 즉 추종지수와 NAV 사이의 차이인 추적오차율을 점검해야 합니다. 이 차이가 크면 바람직하지 않습니다. 추적오차율은 기초 지수를 얼마나 잘 추종하는지 보여주는 지표로, 작을수록 ETF가 잘 운용된다고 볼 수 있기 때문이에요. 예를 들어 코스피가 10% 상승하면 이 지수를 추종하는 KODEX 200의 NAV도 10% 올라야 정상입니다. 그런데 8%만 올랐다면 추적오차율이 2% 생깁니다. 그만큼 투자자 수익률에서 손해가 발생할 수 있습니다.

호가 스프레드 비율 확인: 호가 스프레드 비율은 주식시장의 최우선 매도호가와 최우선 매수호가의 차이를 말합니다. 이 비율이 1% 이상 차이가 나면 유동성 공급자인 LP가 5분 이내에 초가 스프레드 비율을 1% 이내로 만들어야 합니다. 해외 상장 ETF는 그 범위가 대개 3%입니다. LP가 개입하기 때문에 호가 스프레드 비율은 일정 범위 내에서 유지됩니다. 호가 스프레드 비율은 거래량이 충분하다면 큰 의미가 없지만, 거래량이 적다면 문제가 될 수 있습니다.

　이런 주요 점검 사항을 확인한 후에 ETF 종목을 선정하고 거래를 시작하는 게 바람직합니다. 그리고 거래할 때는 매우 신중해야 합니다. 주문을 낼 때 매수와 매도가 뒤바뀌지 않았는지, 가격과 수량이 정확한지 꼭 확인해야 합니다. 급한 마음에 '0'이 하나 더 붙고 덜 붙으면 뜻하지 않은 손해를 볼 수 있기 때문입니다. 최종 점검을 하는 것을 반드시 습관화하기 바랍니다. 자세한 ETF 거래 절차와 방법은 뒤에서 알아보겠습니다.

05

투자비용과 세금

투자비용 따져보기

투자자들이 투자 방법을 선택할 때 우선해서 고려하는 것은 수익률과 안정성입니다. 그런데 수익률 외의 투자비용과 세금을 가볍게 생각하는 사람들이 종종 있습니다. 하지만 이 부분은 투자 수익률에서 결정적인 변수가 되곤 하지요. 저금리 시대에 연간 1~2%의 비용 차이는 투자 성과에 큰 영향을 미치기 때문입니다. 특히 장기 투자일 때는 이런 투자비용이 복리로 누적되어 엄청난 금액이 될 수도 있습니다.

앞에서 예를 든 워런 버핏과 헤지펀드의 10년간 수익률 내기에서 워런 버

도표 19 ETF와 주식형 펀드 투자비용 비교

	ETF	주식형 펀드
운용 보수	연간 0.15~0.5%	연간 1.5~3%
거래(매매) 수수료	0.015~0.03% (HTS, MTS)	별도 책정
중도 환매 수수료	없음	30일 이내: 수익금의 70% 90일 이내: 수익금의 30%

핏이 선택한 인덱스펀드가 헤지펀드의 액티브펀드를 이길 수 있었던 이유는 바로 투자비용 때문이었습니다. 순수한 수익률에서는 헤지펀드의 액티브펀드가 앞섰지만, 운용 보수와 거래비용을 차감한 후 결과는 워런 버핏이 선택한 인덱스펀드의 압승이었습니다.

미국인 투자자에게 가장 큰 기여를 한 사람으로 평가받는 뱅가드 창업자 존 보글(John Bogle)은 투자 규칙을 제시하면서 다음과 같이 말했습니다. "우리는 투자에 있어서 비용이 중요하다는 것을 알고 있고 누적되는 비용은 장기적으로 막대한 금액이 될 수 있으므로 비용을 최소화해야 한다는 것을 알고 있다."[5]

ETF는 펀드 중에서 비용이 가장 저렴하다고 알려졌습니다. 물론 ETF도 펀드이기에 운용 보수를 내야 합니다. 연 0.15~0.5% 수준으로, 평균적으로 0.35% 내외입니다. 하지만 주식형 펀드 운용 보수 1.5~3%와 비교하면 매우 저렴한 편입니다. 그리고 ETF는 사고팔 때 주식과 똑같은 수수료를 냅니다. 이 수수료는 증권사마다 다르며, HTS와 MTS를 통한 매수·매도일 때 가장 저렴합니다.

세금은 얼마?

세금 역시 투자의 큰 변수입니다. 존 보글은 세금 이슈에 대해 "우리는 투자에 있어서 세금이 중요하며 세금 역시도 합법적인 선 안에서 최소화해야한다는 것을 알고 있다"고 언급한 바 있습니다.[6]

투자상품에 붙는 세금은 먼저 매매 차익에 대한 양도소득세, 분배(배당)를 받았을 때 그 금액에 대한 배당소득세, 그리고 투자상품을 사고팔 때 붙는 거래세 등이 있습니다. ETF는 국내 주식형의 경우 매매 차익에 대한 양도소득세가 붙지 않습니다. 그 외 기타 ETF인 해외지수 ETF, 채권 ETF, 상품 ETF 등의 수익에 대해서는 15.4%의 양도소득세가 부과됩니다. 그리고 모든 ETF는 분배(배당)를 받을 때 15.4%의 배당소득세가 부과됩니다. 또한 ETF의 양도소득세와 배당소득세는 소득이 2,000만 원이 넘으면 모두 금융소득종합과세 대상이 됩니다.

해외에 상장된 ETF에 투자할 때는 손익통산 매매 차액에 대해 250만 원을 공제(곧 공제가 없어질 예정)하고 22%의 양도소득세가 부과됩니다. 하지만 분리과세입니다. 해외 상장 ETF는 투자금액이 큰 경우 양도소득세 측면에

도표 20 ETF 투자 시 세금

상황	세목	세율·종합과세	국내 상장 ETF		해외 상장 ETF
매도	양도소득세	세율	없음	15.4%	22%
		종합과세	비과세	해당	분리과세
분배금 수령	배당소득세	세율	15.4%	15.4%	15.4%
		종합과세	해당	해당	해당
매매	증권거래세	없음	없음	없음	없음

서 유리하기 때문에 투자 대상으로 고려되곤 합니다. 해외 상장 ETF도 분배(배당)에 대해 15.4%의 배당소득세가 붙습니다.

한편 주식의 경우 매매 금액의 0.25%를 증권거래세로 내야 하지만, ETF에는 증권거래세가 없습니다.

국내주식형 ETF가 세금 측면에서 가장 유리합니다. 그런데 연간 금융소득이 2,000만 원이 넘는 금융소득종합과세 대상자는 가장 높은 양도소득세가 붙는 해외 상장 ETF가 분리과세 효과로 오히려 더 유리할 수도 있습니다. 따라서 투자자 개인의 상황을 고려하여 세금 면에서 가장 유리한 투자 계획을 세우는 게 바람직하리라 생각됩니다.

뒤에 더 자세히 설명하겠지만 개인종합자산관리계좌(ISA), 퇴직연금(IRP) 계좌 등을 잘 활용하면 비과세·소득공제·세액공제·과세이연 혜택을 통해 세액을 줄이고 금융소득종합과세 부과 위험을 낮출 수 있습니다.

도표 21 양도소득세 비과세 대상 주요 국내주식형 ETF – 시장지수

(2020년 8월 21일 기준 시가총액 순)

KODEX 200 | TIGER 200 | KODEX 200TR | KBSTAR 200 | KODEX 코스닥150 레버리지 | ARIRANG 200 | HANARO 200 | KODEX MSCI Korea TR | TIGER MSCI Korea TR | KINDEX 200 | KOSEF 200 | KODEX 코스피 | KODEX 코스닥 150 | KOSEF 200TR | SMART 200TR | TIGER 코스닥150 | KBSTAR 코스피 | KINDEX 200TR | HANARO MSCI Korea TR | KBSTAR 코스닥150선물레버리지 | KBSTAR 코스닥150 | HANARO 200TR | ARIRANG 코스피 TR | TIGER 코스닥150 레버리지 | TIGER 코스피 | KODEX KRX300 | KODEX MSCI Korea

06

ETF는
투자 원칙을 실현하는 수단

#투자 대가들이 강조하는 투자 원칙이란?
#분산투자, 장기 투자, 분할매수, 투자비용 절감이 핵심!
#ETF 투자의 효용성을 다시 한 번 살펴보자

월스트리트의 전설적인 투자자들이 초보 투자자들에게 권하는 원칙은 그렇게 복잡하지 않습니다. 그러나 투자 현장에서 투자자들은 원칙을 저버리고 초심을 잃고 맙니다. 그 최후는 실패로 귀결되기 마련이죠.

일반적으로 거론되는 투자 원칙은 분산투자, 장기 투자, 분할매수, 투자비용 절감 등이 있습니다. ETF는 그 속성상 투자 원칙이 충실하게 반영되어 있는 상품입니다. 하지만 ETF에 투자한다는 것 자체만으로 원칙을 지키는 것은 아닙니다. 사람에 따라 얼마든지 투자 원칙을 무시할 수 있기 때문이죠. ETF를 통해 투자 원칙을 고수하면서 좋은 성과를 내는 방법에 대해 알아보겠습니다.

분산투자

투자 포트폴리오 이론의 대가로 1990년 노벨 경제학상을 수상한 해리 마코위츠(Harry Markowitz)는 "달걀을 한 바구니에 담지 말라"는 유명한 조언으로 분산투자의 가치를 일깨웠습니다. 그의 신념을 이어받은 세계적 기금 운용 전문가 데이비드 스웬슨(David Swensen)은 "분산투자야말로 세상에서 유일한 공짜 점심"이라고 이야기했습니다.[7]

ETF는 구조상 태생적으로 분산투자를 합니다. 국내주식형 ETF의 경우 지수를 구성하는 종목이 10개 이상이며 1개 종목이 전체 지수의 30%를 초과하지 않아야 합니다. 그리고 지수 구성 종목 중 시가총액 순으로 85%에 해당하는 종목은 시가총액이 150억 원 이상이고 거래 대금이 1억 원 이상이어야 한다는 규정을 두고 있습니다. 기타 ETF도 최소 3개 종목 이상의 상품에 분산되어 있습니다. 우리가 'KODEX 200'에 투자한다면 코스피 상위 200개 기업에 골고루 분산투자하는 셈입니다. 주식시장에서 얻는 수익률을 운용 보수만 제외하고 전부 누릴 수 있는 것입니다.

그런데 분산투자는 집중투자보다 기대수익률이 낮을 수 있습니다. 급등하는 개별 종목을 골라 투자했을 때보다 위아래로 작게 움직이기 때문에 큰 이익을 볼 가능성이 상대적으로 적습니다. 하지만 그만큼 안정적입니다. 주가 하락 때 손실 또한 더 적다고 할 수 있습니다. 개인 투자자가 급등 종목을 재빠르게 발굴하는 것이 얼마나 어려운지 떠올린다면 이 점은 미덕이라고 볼 수 있습니다.

한편 ETF의 종목 구성은 시가총액을 기준으로 하므로 소수의 대형 종목 등락에 큰 영향을 받을 수 있다는 약점이 있습니다. 삼성전자는 코스피

200에서 약 20% 비중을 차지합니다. 삼성전자 한 종목의 상승과 하락이 전체 지수의 상승과 하락에도 큰 영향을 끼치게 되는 거죠.

또한, 여러 종목의 ETF를 통해 분산투자의 폭을 더 넓힐 수 있다는 특징이 있습니다. 특히 해외지수 ETF나 해외 상장 ETF 등을 통해 다양한 국가의 자산들에까지 투자할 수 있어 분산투자의 이점을 극대화할 수 있습니다.

장기 투자

ETF는 그 자체로 장기 투자의 미덕을 갖추지는 않았습니다. 분산투자가 강제된 것과는 다릅니다. 하지만 ETF의 진정한 가치를 실현하기 위해서는 장기 투자가 반드시 필요합니다. 특히 ETF 중에서 가장 활성화된 대표지수 ETF는 장기 투자를 할 때만 위험을 분산하며 시장의 수익을 누릴 수 있습니다.

주식시장, 특히 한 국가의 대표지수는 우상향하는 것이 특징입니다. 그러나 항상 주가가 오르는 것은 아닙니다. 세계적인 경제위기, 한 국가의 경기 사정, 특정한 사건 등으로 주식시장 전체가 언제든 하락할 수 있습니다. 이렇게 상승과 하락을 거듭하면서 장기적으로 상승하는 모양새를 보이는 것입니다. 이런 주식시장 전체를 놓고 단기 투자를 한다면 어떤 시기에는 큰 손실을 볼 수도 있습니다.

수많은 투자자가 모험적 단기 매매의 복마전에 빠져 승자의 게임을 패자의 게임으로 바꾸는 악수를 두고 있습니다. 그러나 이상적인 ETF 투자자는 장기 투자의 원칙을 지키며 시장을 관망하는 자세로 시장이 스스로 벌어들

도표 22 1980~2021년 S&P 500 지수

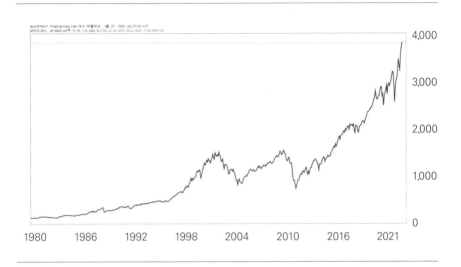

도표 23 1980~2021년 코스피 지수

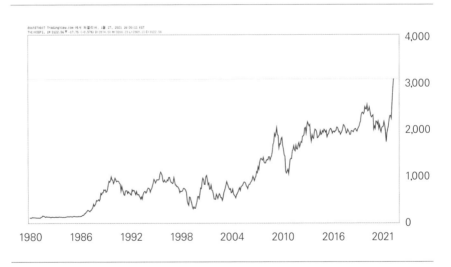

이는 수익을 누립니다.

ETF는 장기 투자의 미덕을 전제로 성립합니다. 주식처럼 빠르게 사고팔기 편하다고 해서 단기 투자의 함정에 빠져서는 안 됩니다.

분할매수

분할매수는 특정 종목 주식을 점진적으로 매수해나가는 것입니다. 주로 그 주식의 가격 상승을 유발하지 않으면서 많은 물량을 확보하기 위해 이루어집니다. 분할매수를 이용하면 평균매입단가가 낮아지는 코스트 에버리지 (Cost Average) 효과가 있습니다. 즉 비쌀 때도 사고, 쌀 때도 사면 매수 가격은 그 평균에서 형성되고 가장 비쌀 때 한꺼번에 매입한 것보다 더 싸지는 것입니다. 이런 분할매수를 ETF 투자에 적용하면 안정성과 수익성을 동시에 얻을 수 있다는 장점이 있습니다.

저는 처음 투자를 시작하는 사람들에게 분할매수, 특히 정액적립식 투자를 적극 권하고 있습니다. 자신의 투자 접근성, 즉 진입 후에 바로 수익이 나는 것과 손실이 나는 것을 모두 경험한 뒤에 추가 매수를 할 수 있는데, 이때 평균 단가에 대비해 수익률을 따져보고 코스트 에버리지 효과를 직간접적으로 경험해가면서 투자 역량을 키워가는 것이 중요하기 때문입니다.

주식처럼 사고파는 ETF는 별도의 분할매수 장치를 갖추지는 않았습니다. 투자자가 세심하게 신경을 쓰는 수밖에 없죠. 매월 정해진 날짜에 증권계좌로 자동이체를 해놓고 그 금액으로 투자 종목을 분할매수하는 것을 추천합니다. ETF에 꼭 투자하고 싶은데 정액적립식 방식이 아니라서 꺼려진다면 ETF에 투자하는 펀드인 EMP 중에서 적립식 상품을 선택하는 것도 좋은 방법입니다.

투자비용 절감

인덱스펀드의 탄생 배경 중 하나는 투자비용입니다. 액티브펀드가 장기적으로 시장평균수익률을 상회하지 못한다면 비싼 투자비용을 감당하는 게 비효율적이므로 더 낮은 투자비용으로 시장평균수익률에 따라가는 게 바람직하다는 결론에서 나온 것이죠.

앞에서 여러 차례 말했듯이 액티브펀드는 적극적인 운용을 하기 때문에 리서치 비용, 잦은 거래로 인한 수수료 부담, 고연봉 펀드매니저 급여 등으로 투자비용이 높을 수밖에 없는 구조를 가지고 있습니다.

그런데 인덱스펀드는 시장을 시가총액 비중으로 복제하면 되므로 액티브펀드보다 상대적으로 비용이 낮습니다. 그리고 이러한 저비용 구조는 투자자들에게 더 많은 수익을 돌려줄 수 있는 원천이 됩니다.

ETF는 인덱스펀드 중에서도 비용이 낮은 편입니다. 그리고 세금 측면에서 볼 때 국내주식형 ETF는 매매 차익에 대한 양도소득세가 붙지 않습니다 (국내주식형 ETF를 제외한 나머지 국내 기타 ETF와 해외 ETF는 매매 차익에 대해 배당소득세율 15.4%가 적용). 이 또한 투자자의 비용 부담을 줄이고 결과적으로 더 높은 수익을 창출하는 원천이 됩니다.

07

ETF 투자 리스크
관리하는 법

#ETF 투자 시 벌어지는 각종 리스크에 대해
#돌다리도 두드려보고 투자하는 태도 가져야
#리스크 관리는 이렇게

모든 투자에는 위험이 따른다

ETF는 개별 주식 종목이나 액티브펀드에 투자하는 것보다는 비교적 안정적인 특징이 있습니다. 그렇다고 ETF라고 완전히 안전한 금융상품인 것은 아닙니다. 모든 투자는 본질적으로 위험을 동반하고 있음을 명심해야 합니다. 예금처럼 원금과 확정 이자를 법으로 보장하는 금융상품이 아니며 투자 결과에 따라 손익의 가능성이 존재합니다.

투자의 위험에 대해 원금을 까먹는 것으로만 생각하는 사람들이 있는데, 실제 투자의 위험은 다양한 모습이 있습니다. 목표로 삼거나 기대한 수익률을 달성하지 못하는 것도 분명한 위험이며, 원하는 때에 매도하지 못하여 곤란을 겪는 것도 큰 위험 중 하나입니다.

금융투자에서는 위험을 고려한 신중함이 미덕입니다. 월스트리트의 전설적 투자자 피터 린치(Peter Lynch)는 "부동산에서 돈을 벌고 주식에서는 돈을 잃는 이유가 있다. 집을 선택하는 데는 몇 달을 투자하지만, 주식 선정은 몇 분만에 끝내기 때문이다"라고 꼬집었습니다.

투자 위험에 대처하기 위해서는 자신의 위험 성향과 역량을 고려하여 신중하게 투자해야 합니다. 그런데 투자 위험을 감수하는 성향, 즉 위험을 감당하고자 하는 의지와 투자 위험을 감내할 수 있는 역량은 구분해서 다루어야 합니다. 제아무리 위험 감수 성향이 강하더라도 현실적으로 위험을 받아들이고 처리할 능력이 없다면 그 사람은 더 깊은 나락에 빠지고 말 테니까요. 자신의 성향대로, 또는 하고 싶은 대로 다 해서는 안 됩니다. 나이, 직업, 보유 자산 규모, 투자의 목적, 돈이 필요한 시기 등을 고려해서 현실적 형편에 맞추어 투자해야 바람직한 결과를 얻을 수 있습니다.

원금 손실 위험

원금 손실, 즉 투자한 돈을 까먹을 수 있다는 점이 ETF 투자의 대표적 위험입니다. 대표지수에 투자하는 ETF는 분산투자 방식이기에 개별 종목보다 등락 폭이 작고 안정적입니다. 그러나 주가지수도 경기 상황에 따라서 언제든 급락할 수 있습니다. 우리는 1997년 IMF 외환위기나 2007~2008년 세계금융위기 때 코스피가 급락하는 것을 지켜보았습니다. 단기적으로 운용해야 하는 돈이 투자되어 있거나 앞으로 더 떨어질지 모른다는 불안한 투자 심리가 적용된다면 하락장에서 보유한 ETF를 팔게 될 수도 있습니다. 여유 자금으로 투자하며 장기적 관점을 고수하는 것이 이러한 위험을 피하는 왕도입니다.

ETF 중에서도 위험도가 큰 종목이 있습니다. 파생상품 ETF가 대표적이죠. 주가지수를 추종하더라도 수익의 2배수를 추구하는 레버리지 ETF는 하락할 때도 2배 가까운 손실을 볼 수 있습니다. 하락한 만큼 수익을 내는 인버스 ETF도 반대의 상황이 되면 손실이 커집니다. 그밖에 가격 변동 폭이 매우 큰 원유 등의 상품 ETF 또한 매우 위험한 편에 속합니다. 스스로 탄탄한 지식을 갖추고 확신할 수 없을 때는 이런 ETF에 투자하지 않는 게 좋습니다.

ETF의 특성에 따른 위험

ETF 투자의 안정성은 큰 투자 성과를 기대하는 투자자에게는 오히려 위험 요인이 될 수 있습니다. ETF는 기본적으로 분산투자를 하기 때문에 수익률도 분산된다고 보면 됩니다. 개별 종목 주식은 하루에 최대 플러스마이너스 30%까지 움직일 수 있습니다. 산술적으로 60%가 오를 수도 있지만 ETF는 위아래로 작게 움직입니다. 주가 변동성이 낮아 기대수익률도 그만큼 낮습니다. 이런 투자자는 자신의 위험 감수 역량 범위 내에서 파생상품을 이용한 ETF나 해외 상장 ETF 등으로 포트폴리오 구성을 조정함으로써 더 높은 수익을 추구할 수 있습니다. 그러나 이때 안정성이 더 떨어지는 것은 감수해야 합니다.

앞서 ETF는 '투자의 민주화'를 불러온 혁신적인 상품이라 평가받았다고 언급했는데요, 그 특성으로 인한 위험도 상당수 있습니다. 다양한 ETF가 상장되면서 기존에 개인 투자자들이 접근하기 어려웠던 다양한 투자 대상에 대한 투자 경로가 단축되었고, 각 상품에 대한 사전 지식이 충분하지 않은 사람들도 너무 손쉽게 투자를 할 수 있게 되었기 때문이죠. 파생상품 ETF, 상품 ETF 등은 탄탄한 경제 지식과 해당 종목에 대한 풍부한 이해, 근거가 명확한 확신이 있을 때만 투자하는 게 좋습니다. 보통의 개인 투자자들이라면 막연한 기대를 품고 이런 고위험 상품에 투자하지 않아야 합니다.

ETF 투자 실무에서의 위험

개별 신용 위험: ETF의 PDF 편입 종목에서 발생하는 위험을 말합니다. ETF 구성 종목의 기업이 부실해지거나 상장폐지 또는 파산하는 경우 등이 해당합니다. ETF 가치는 그 종목의 비중만큼 하락하게 됩니다.

유동성 위험: ETF 거래량이 충분하지 않아 NAV와 현재가 사이의 괴리가 생기면 적정 가격에 사거나 팔 수 없을 수 있습니다. 물론 LP가 개입해서 조정하지만 완벽하지는 않아 가격이 왜곡될 수 있습니다.

추적 오차 위험: ETF가 자신이 추종하는 지수를 제대로 반영하지 못하는 경우가 있습니다. 이는 운용회사의 역량이 낮거나 투자 전략이 실패했을 때 벌어집니다.

상장폐지 위험: 개별 종목 주식 투자에서 가장 위험한 것 중 하나가 상장폐지입니다. 이때 그 종목 투자자들은 큰 절망에 빠집니다. 보유 주식이 거래되지 못해 휴짓조각이 될 수도 있기 때문입니다. ETF도 상장폐지될 수 있습니다. 괴리율이 장기간 발생한다거나 거래량이 없는 경우에 말이죠. 이때 ETF 투자금, 즉 고객이 맡긴 돈은 자산운용사의 수탁은행이 별도로 보관하였다가 투자자의 주식계좌로 되돌려줍니다. ETF의 상장폐지 위험은 개별 주식과 달리 미약한 편입니다.

리스크 관리 원칙

개인 투자자가 ETF 투자에서 발생할 수 있는 리스크를 잘 관리하려면 앞에서 말한 투자의 원칙을 지키는 것이 출발점입니다.

또한 잃어도 큰 문제가 생기지 않는 여유자금으로 장기간 투자하는 게 바람직합니다. 이와 함께 목표 수익률에 대한 기대를 낮추도록 하세요. 단기 등락에 일희일비하면 심리적 오판이 일어나 불합리한 선택을 할 수 있습니다.

저렴한 비용, 분산투자, 장기 투자가 ETF의 매력이라는 점을 잊지 말아야 합니다. 단기적으로는 개별 종목이나 일반 액티브펀드가 ETF를 앞서는 경우도 숱하게 일어납니다. 하지만 시간이 지날수록 ETF가 더 유리하다는 것을 알게 될 겁니다. ETF 종목을 데이트레이딩한다면 이는 그 본령에서 어긋난 행위입니다.

고수의 반열에 오르지 않는 한 신용매매, 미수매매 등은 삼가야 합니다. 레버리지를 이용해 미수매매나 신용매매를 하는 건 짚을 짊어지고 불 속으로 뛰어드는 것과 마찬가지입니다.

그리고 계좌를 주기적으로 관리해야 합니다. 평가금액을 확인하고 종목별 비중도 점검해보는 게 좋습니다. 보유 종목 중 특정 스타일 ETF, 해외지수 ETF, 원자재 ETF, 개별 종목 등에 좋지 못한 변화가 발생하면 일단 현금화한 후 자산 배분을 다시 검토하여야 합니다. 그러나 일상생활을 침해할 만큼 계좌 점검을 자주 하는 것은 바람직하지 못합니다. 3일에서 일주일에 한 번 정도면 충분합니다.

```
━ 08 ━
```

ETF의 역사

#간략하게 살펴보는 ETF 탄생의 역사
#진화의 진화를 거듭한 ETF는 어떻게 탄생됐나
#한국 ETF시장은 발전 가속도 붙는 중

액티브 VS 패시브

ETF의 역사를 이야기하려면, 우선 '액티브펀드'와 '패시브펀드' 논쟁에 대해 언급하지 않을 수 없습니다.

현대 금융이론의 아버지로 불리는 해리 마코위츠가 1952년 《저널 오브 파이낸스(Journal of Finance)》를 통해 〈현대 포트폴리오 이론(Modern Portfolio Theory)〉을 발표하면서 이른바 '액티브 대 패시브' 논쟁이 불붙기 시작했습니다. 마코위츠는 '분산투자(Diversification)'를 수학적으로 풀어내어 투자 위험을 통계적 개념인 분산(Variance)으로 측정하였고 개별 자산이 아닌 포트폴리오 전체의 수익률과 자산 간 상관관계(Correlation)를 통해 '투자위험'을 관리하는 데 연구의 초점을 두었습니다. 그의 이론은 공격적 투자에 매몰되어 있던 당시 투자 환경에서 사고의 틀을 바꾸는 획기적인 시도가 되었습니다.

이후 패시브 전략의 신봉자들이 점차 늘어나기 시작했습니다. 그들은 수많은 액티브펀드가 그 성과를 확신하지 못한 채, 심지어는 시장평균수익률도 얻지 못하면서 투기에 가깝게 운영된다고 비판했습니다. 이러한 액티브펀드에 일반 투자자들이 비싼 비용을 치르면서 투자하는 것을 안타깝게 여겼고 그 대안을 모색하기 시작했습니다.

그 결과, 거래비용과 위험 부담을 낮추면서 시장평균수익률인 지수수익률을 추구하는 것이 더 낫다는 판단 아래 시장평균수익률을 추종하는 투자 상품을 만들고자 했고, 인덱스펀드의 탄생으로 이어졌습니다.

인덱스펀드의 탄생

패시브 전략을 따르는 사람들에 의해 1970년대 미국에서 인덱스펀드가 처음으로 선을 보였습니다. 1971년 미국의 웰스파고은행이 최초의 인덱스펀드를 내놓은 것입니다. 뒤이어 1974년 아메리칸 내셔널은행이 뉴욕증권거래소와 나스닥에 상장된 미국 기업 중 시가총액 상위 500위 기업 주식 종목으로 지수를 산출, S&P 500 지수를 기초로 한 인덱스펀드를 개발하여 판매하였습니다. 그런데 이 인덱스펀드들은 일반투자자보다는 전문투자자를 위한 상품이었습니다.

전설적 투자자 존 보글이 뱅가드 S&P 500 인덱스펀드를 내놓음으로써 본격적인 인덱스펀드 시대가 서막을 열었고 일반투자자에게 본격적으로 퍼지게 되었습니다. 존 보글은 최초의 공모 인덱스펀드를 만들어 일반투자자들도 전체 시장에 투자할 수 있는 길을 열어줌으로써 투자 민주화에 획기적인 기여를 했습니다.

존 보글은 그 당시로서는 독특한 투자 철학을 가지고 있었습니다. 그는 가장 간단하면서도 효율적인 주식 투자 전략은 '주식시장에 상장된 모든 기업의 주식을 매우 낮은 비용으로 보유하는 것'이라 보았습니다. 이렇게 함으로써 주식 투자에서 발생하는 배당금과 가격 상승의 가능성을 포괄하여 기업들이 창출하는 거의 모든 수익을 확보하는 것이 가능해진다고 했습니다. 존 보글에 따르면 최선의 투자법은 "모든 시장 포트폴리오로 구성된 펀드를 매입하여 영원히 보유"하는 것입니다. 그리고 실제 그의 투자 전략을 반영한 인덱스펀드를 내놓았죠. 전혀 자극적이지 않은 투자상품이지만 투자자들에게 우수한 장기 성과를 안겨줄 혁신적 투자 도구였습니다.

존 보글의 아이디어는 뱅가드라는 글로벌 투자회사의 탄생으로 이어졌습니다. 현재 뱅가드는 미국 퇴직연금 시장의 1위인 세계적인 자산운용사입니다.

이렇게 1975년 미국 펀드시장에 최초의 공모 인덱스펀드인 지금의 'Vanguard 500 Index Fund'가 탄생하였습니다. 액티브 전략만 접했던 그 당시 투자자들은 "이게 무슨 펀드냐"며 비판했고, 이 펀드를 두고 "보글의 실수(Bogle's folly)"라고 힐난하는 목소리도 나왔습니다. 한편, 인덱스펀드의 패시브 전략을 옹호하는 쪽도 없지 않았고, 액티브 대 패시브 논란이 더욱 가열되었습니다. 결과적으로 패시브 전략을 추구하는 투자시장은 계속 엄청난 규모로 성장하였고, 뱅가드 설립자이자 인덱스펀드의 창시자가 된 존 보글은 이 시대 금융시장의 성인(Patron saint)으로까지 칭송받게 되었습니다.

이후 1990년대 꾸준히 성장세를 이어온 인덱스펀드는 2000년대에 들어와 기관투자자뿐만 아니라 개인 투자자들에게도 폭발적인 인기를 얻었고 인덱스펀드의 대표 주자인 뱅가드 S&P 500은 자산 규모가 100조 원이 넘는 세계적인 인덱스펀드가 되었습니다. 미국에서 인덱스펀드의 확산은 무서울 정도입니다. 미국 자산 중 70% 이상이 ETF를 포함한 인덱스펀드일 정도이니 말입니다.

ETF의 탄생

인덱스펀드를 주식시장에 상장하여 거래한다는 아이디어가 처음 나온 것은 1976년입니다. 닐스 하칸손(Nils Hakansson)의 〈The Purchasing Power Fund, A New Kind of Financial Intermediary〉라는 논문에 그 개념이 담겨 있습니다.

이후 미국증권거래소 직원이었던 네이선 모스트(Nathan Most)가 구체적인 금융상품으로 개발하였고 미국증권거래소와 캐나다 토론토증권거래소가 공동으로 상장을 추진한 것입니다. 상장이 추진된 것은 1989년이지만, 그 당시에는 미국 금융 제도와 맞지 않았고 거래소 간 이해관계 상충 문제가 일어나 흐지부지되고 말았습니다. 그러던 중 공동 상장을 추진하던 토론토증권거래소에서 1990년 3월에 단독으로 상장하였고, 이에 따라 세계 최초의 ETF는 토론토증권거래소에 상장된 TIPS(Toronto 35 Index Participation Units)

가 되었습니다.

뒤를 이어 미국에서도 ETF가 출시되었습니다. 1993년 1월에 미국증권거래소에 대표적 주가지수인 S&P 500을 추종하는 ETF가 상장되었습니다. 스테이트 스트리트(State Street Global AdvisorsSSgA)라는 자산운용회사에 의해 SPDR S&P 500(종목코드: SPY)이 출시되었죠. 현재 이 상품은 세계 최대 ETF로 성장했습니다. 초기에는 'Standard & Poor's Depositary Receipts'라는 이름을 가지고 있었는데, 이후에 이것을 'SPDR'로 줄여, 이 회사가 운용하는 모든 ETF 상품 시리즈의 이름 앞에 붙여 ETF 브랜드로 사용하고 있습니다. 사람들은 SPDR을 이어서 발음하여 '거미'라는 뜻의 스파이더(Spider)라고 기억하기 쉽게 부르곤 합니다. 이후 나스닥 100 지수를 추적하는 QQQ(Investico QQQ trust)가 상장되었고, 다우존스산업평균지수를 추적하는 DIA(Dow Jones Industrial Average ETF)가 연달아 나왔습니다.

미국에서 ETF는 성장을 거듭하며 종목명 앞에 고유 브랜드를 붙이는 전통이 생겼습니다. 운용자산 규모 기준 세계 최대 ETF 운용사인 블랙록(BlackRock)이 운용하는 iShares ETF 시리즈가 대표적인 예입니다. iShares Core S&P 500 ETF(코드: IVV)는 세계에서 두 번째 규모의 ETF로, 블랙록이 운용하는 ETF 중 하나입니다. 이처럼 ETF를 운용하는 자산운용회사는 거의 대부분 ETF 상품 시리즈 각각의 상품명 앞에 고유 식별 브랜드명을 붙여 사용하기 때문에 ETF의 이름만 봐도 어느 자산운용사가 운용하는 상품인지 쉽게 알 수 있게 되었습니다.

ETF의 발전

최초의 ETF가 상장된 후 10년 동안은 주식에 투자하는 ETF들이 주류를 이루었습니다. 이후 2002년도에 와서 최초의 채권 ETF인 iShares iBoxx $ Investment Grade Corporate Bond(코드: LQD)가 상장되었습니다. 이어서 금 ETF, 원유 ET, 리츠 ETF, 비상장 회사나 헤지펀드에 투자하는 ETF 등이 모습을 드러냈고요. 2008년 금융위기 때에는 시장의 변동성이 크게 확대되면서 VIX 지수(주식시장의 변동성에 대한 기대감을 지표화한 지수)에 투자하는 ETF가 상당한 관심을 받기도 했습니다.

이들 ETF는 현재는 뉴욕증권거래소 총거래량 중 40%에 달할 정도로 성장했지만, 상장되고 한동안은 투자자로부터 외면받았습니다. 미국에서 ETF가 본격적으로 성장한 것은 1997년 이후입니다. 현재는 미국 펀드 자금의 70%가 ETF를 통해 들어올 정도로 시장 규모가 커졌으며 세계 ETF시장을 선도하는 지위에 올랐습니다. 미국 3대 자산운용사인 블랙록·뱅가드·스테

이트스트리트가 세계 ETF 운용자산의 70% 이상을 점유하고 있으며 미국 시장 점유율은 84.9%에 달할 정도입니다.

아시아에서 ETF 시초는 1998년 홍콩증권거래소에 상장된 'TraHK (Tracker Fund of Hong Kong)'라는 종목입니다.

한국 ETF의 역사

우리나라에서 최초로 상장된 ETF는 2002년도에 삼성자산운용이 상장한 KODEX 200 ETF입니다. 한국거래소의 대형 200개 종목으로 구성된 KOSPI 200지수를 복제하여 운용하는 인덱스펀드로 현재 국내에서 가장 운용 규모가 큰 ETF입니다. 이와 함께 'KODEX 200' 등 3개 ETF가 상장되면서 ETF의 시대로 들어섰습니다.

ETF는 초기에 기관 투자자와 외국인 투자자 중심으로 거래가 이루어졌으며 개인 투자자에게는 큰 관심을 끌지 못했습니다. 우리나라 투자자들은 주식에 대한 기대수익률이 매우 높아서 특정 지수의 수익률을 추종하는 인덱스펀드는 액티브펀드 대비 상대적으로 인기가 없었기 때문입니다. 액티브펀드에 비해 '화끈한' 투자상품이 아니었기에 때문이죠.

그런데 2009년 9월에 시장과 반대로 수익을 내는 KODEX 인버스 ETF에 이어 2010년 2월 KODEX 레버리지 ETF가 상장되면서 ETF시장이 폭발적으로 성장하기 시작했습니다. 이때부터 ETF가 본격적으로 개인 투자자들에게 알려지기 시작한 거죠. 그리고 섹터와 스타일 지수 추적 ETF 등 상품이 다양해지면서 거래량이 점점 증가했습니다. 2007년 하반기 미국발 세계

금융위기 이후 금융시장의 변동성과 불안정성을 극복하려는 개인 투자자의 참여가 늘기 시작한 배경도 있습니다.

우리나라는 현재 15개 자산운용회사에서 ETF를 운용하고 있으며 마찬가지로 KODEX, KINDEX, TIGER, ARIRANG 등의 ETF 브랜드로 운용회사를 식별할 수 있습니다. 2019년 통계를 볼 때 ETF 거래 비중은 개인 38.6%, 기관 32.7%, 외국인 28.7%입니다. 외국인과 기관투자자의 영향이 큰 주식시장 상황과 비교해보면 ETF는 각 투자 주체의 참여가 균형을 이루고 있는 편입니다. ETF에 대한 개인 투자자의 관심은 더욱 커질 것으로 보이고 이에 따른 ETF시장 성장도 예상됩니다.

1 ETF는 기초 지수의 성과를 추적하는 것이 목표인 인덱스펀드입니다.
그렇다면 KODEX 200이 추종하는 기초 지수는 무엇일까요?

① S&P 500

② 코스피 200

③ 코스닥 150

④ KRX 150

2 다음은 국내외 주요 ETF 운용사와 ETF 브랜드를 짝지어 놓은 것입니다.
빈 칸에 들어갈 알맞은 브랜드명을 찾아보세요.

미래에셋자산운용 - TIGER	블랙록 - iShares
삼성자산운용 - KODEX	한화자산운용 - (　　　)
뱅가드 - Vanguard	스테이트 스트리트 - SPDR
DB자산운용 - 마이티	KB자산운용 - KBSTAR

① Invesco

② KINDEX

③ HANARO

④ ARIRANG

투자 실력을 키우는 MINI QUIZ ②

3 다음은 ETF와 ETN의 차이점에 대해 설명한 것입니다. 다음 중 알맞지 <u>않은</u> 정보는 무엇인가요?

① ETF는 상장지수펀드이며, ETN은 상장지수증권이다.

② ETF는 기초 지수 내 10종목 이상으로 구성해야 하는 반면,
ETN은 5종목으로 구성할 수 있다.

③ ETF는 자산운용사에서 발행하여 거래대금이 수탁은행에 예치되는 반면,
ETN은 증권회사에서 발행하여 관리하기 때문에 신용 위험도 면에서 위험성
이 더 높다.

④ ETF는 거래소에 상장되어 있어 주식계좌를 통해 주식처럼 사고팔 수 있지만
ETN는 불가하다.

⑤ ETF는 만기가 없지만 ETN은 1년 이상 20년 이내 만기가 존재한다.

4 미국의 전설적 투자자로 뱅가드 'S&P 500 인덱스펀드' 세상에 처음 내놓으며,
일반 개인 투자자들도 전체 시장에 투자할 수 있도록 투자 민주화에 큰 기여를
한 인물로 평가받은, 이 사람은 <u>누구</u>일까요?

① 존 보글
② 유진 파머
③ 워런 버핏
④ 피터 린치

※ 정답은 310쪽에서 확인할 수 있습니다.

Lesson 3

ETF 투자 세계의 모든 것

이번 레슨에서는 ETF의 종류에 대해 알아보는 시간을 가지려고 합니다. 국내에는 다양한 ETF가 상장되어 있는데요, 국내 대표 주가지수를 추종하는 ETF부터 해외 대표 주가지수를 추종하는 ETF까지 알아보려고 합니다. ETF는 안에 구성되어 있는 영역에 따라 상품마다 특성이 다른데요, 금과 달러 같은 곳에 투자하는 ETF도 있고, 배당금을 지급하는 배당형 ETF도 있습니다. 무궁무진한 ETF의 세계에 더 깊숙이 들어가볼까요?

01

국내 주가지수 ETF

#많고 많은 ETF 중에서 반드시 살펴봐야 하는 것이 있다면?
#장기적으로 한국 증시는 꾸준히 우상향
#한국 대표 ETF는 무엇?

한국 대표 ETF

ETF 중에서도 개인 투자자에게는 대표 주가지수 ETF를 권하곤 합니다. 개인 투자자들은 장기적인 관점에서 현실적인 수익률을 목표로 삼고 안정적인 투자를 하는 게 바람직하기 때문인데요, 이를 위해서는 분산투자의 원칙을 지켜야 합니다. 대표 주가지수 ETF는 이러한 요건을 충족하는 상품입니다. 지수를 구성하고 있는 대표 회사 주식을 조금씩 사들여 주가의 상승과 하락을 똑같이 따라가는 방식이기 때문이지요. 주가지수를 사 모은다는 개념으로 접근하면 쉬울 것입니다.

한 종목에 집중투자하지 않고 여러 종목에 분산투자하기 때문에 '상장폐지' 등으로 투자금 모두를 잃어버릴 염려는 하지 않아도 됩니다. 개별 종목 이슈에 흔들리지 않아도 되기에 투자 여건이 좋지 않은 직장인들이 투자하기에도 괜찮은 종목이기도 하고요.

수익적인 측면에서도 결코 불리하지 않습니다. 한국 증시의 역사를 보면 경제위기로 인해 증시가 휘청거리며 코스피가 급락할 때도 분명히 있었지만, 장기적으로는 꾸준히 우상향하는 모습을 보여주었습니다. 즉, 장기적으로 투자했을 때 수익을 낼 수 있다는 의미입니다.

한국 증시가 꾸준히 우상향해왔고 미래에도 우상향할 것이라 확신한다면 국내 주가지수를 추종하는 ETF에 투자하는 것이 현명한 선택입니다. 시장 대표 지수 ETF는 ETF시장에서 순자산가치총액 기준으로 약 47% 비중을 차지할 정도로 가장 광범위하며 인덱스펀드의 성격을 가장 잘 살린 1세대 ETF에 해당한다고 할 수 있습니다. 장기적으로 투자할 ETF를 선택한다면 시장 대표지수 ETF를 필수적으로 선택해야 합니다.

도표 24 국내 주가지수 ETF가 추종하는 지수

지수	종목 구성	기준 지수
코스피 200	코스피 시가총액 상위 200종목	1990년 1월 3일 기준 지수 100에서 출발
코스피 100	코스피 시가총액 상위 100종목	2000년 1월 4일 기준 1,000에서 출발
코스피 50	코스피 시가총액 상위 50종목	2000년 1월 4일 기준 1,000에서 출발
코스닥 150	코스닥 상장 종목 중 시가총액 상위 150종목	2000년 1월 4일 기준 1,000에서 출발
KRX 100	코스피와 코스닥 대표 주식 100개 종목	2000년 1월 4일 기준 1,000에서 출발
KRX 300	코스피와 코스닥 대표 주식 300개 종목	2000년 1월 4일 기준 1,000에서 출발

국내 주가지수 ETF는 가장 대표적인 지수인 코스피 200과 함께, 코스피 100, 코스피 50, 코스닥 150, KRX 100, KRX 300을 추종합니다. 국내 주가지수 ETF는 주식형 ETF로 거래차익에 대한 양도소득세가 부과되지 않으므로 투자비용 면에서도 매우 유리합니다.

코스피 200이 대표적 종목

대표지수인 코스피 200의 수익률을 추종하는 KODEX 200, KODEX 200 TR, TIGER 200을 추천합니다. 코스피 200 ETF는 우리나라 증권시장에서 가장 먼저 상장되었고, 파생상품인 선물과 옵션의 기준 지수가 됩니다. 순자산총액이 가장 크고 거래도 가장 활발합니다. 브랜드 이름 뒤에 200이라는 숫자가 공통으로 들어갔는데, 이것은 코스피 200을 간단히 나타낸 것입니다.

KODEX 200은 국내 ETF 중에서 대중적으로 널리 알려진 ETF입니다.

KODEX 200 TR은 분배금을 재투자하는 ETF입니다. TR은 Total Return 의 약자이고요. 배당수익률이 가산된 총수익률을 반영합니다. 분배금에서 세금이 빠져나가는 게 싫은 사람들에게 적합합니다.

운용보수를 보면 KODEX 200은 0.15%, KODEX 200 TR은 0.05%, TIGER 200은 0.05%입니다. 거래량과 운용보수를 종합하여 고려하면 미래에셋자산운용의 TIGER 200이 가장 유리한 것으로 판단됩니다.

KRX 300을 추종하는 ETF의 경우 TIGER는 총보수가 2배 비싸고 KBSTAR는 거래량이 그리 많지 않기에 KODEX KRX 300이 유리해 보입니다.

02

해외 주가지수 ETF

해외 주식시장의 성과를 누리는 방법

국내에서 해외 주식에 투자하는 방법은 4가지입니다. 첫 번째는 해외 주식을 직접투자하는 것입니다. 증권사 HTS로 해외 주식을 거래할 수 있습니다. 두 번째 방법은 간접투자로서 해외 주식형 펀드에 투자하는 겁니다. 세 번째와 네 번째는 ETF로 해외 주가지수에 투자하는 방법인데, 국내 자산운용사가 해외 주가지수를 추종하여 상장한 ETF(국내 ETF)에 투자할 수도 있고 외국 자산운용사가 해외 주가지수를 추종하여 상장한 ETF(해외 상장 ETF)에 투자할 수도 있습니다.

해외 주식에 대한 직접투자는 고수익을 추구하는 공격적인 투자로서 매우 위험합니다. 국내 개별 주식 투자도 위험한데, 여기에 정보 부족, 언어 장벽, 환율 위험 등이 따르기 때문이죠.

해외 주식에 투자하는 펀드는 액티브펀드가 주류를 이룹니다. 펀드매니저가 적극적이고 공격적으로 펀드를 운용하기 때문에 운용보수가 매년 투자금의 1.5~2.5%로 높고 위탁 매매 수수료 비용도 많이 나갑니다. 3~6개월 이내에 환매하면 중도환매 수수료를 내야 하므로 전체적으로 투자비용이 높습니다.

해외에 상장된 ETF에 투자할 때도 주의를 기울여야 합니다. 사전 지식을 충실히 쌓아야 하고 환율 위험에도 대비해야 안정적으로 수익을 노려볼 수 있습니다.

일반 개인 투자자가 해외 주식시장의 성과를 누리는 데 가장 효율적인 선택은 국내에 상장된 해외 주가지수 ETF에 투자하는 것입니다. 즉 해당 국가의 대표 우량주로 구성된 지수에 투자하는 것이죠. 운용보수는 연간 0.3~0.6%로 낮은 편이고, 매매할 때마다 0.015~0.03%의 위탁 수수료를 부담합니다. 환매수수료는 없고요. 매매 차익이 생겼을 때 양도소득세 15.4%가 부과되고 금융수익이 연간 2,000만 원 이상이면 금융소득종합과세 대상이 됩니다. 또한 ETF 자체로 수익이 나지 않더라도 환차익이 높으면 세금을 내야 합니다.

해외 주가지수 ETF 투자 시 고려할 점

국내에 상장된 해외 주가지수 ETF라 하더라도 해당 국가에 대한 이해가 있어야 합니다. 그 국가의 경제, 정치, 사회 제도, 문화 등을 파악하고 현재의 경제 상황과 전망까지 고려하여 투자 여부를 결정하는 게 바람직합니다. 묻지마 투자는 금물입니다.

물가를 감안한 경제성장률이 높을수록 주가 전망은 밝습니다. 다시 말해 'GDP성장률 - 소비자물가상승률'이 높을수록 주가상승률이 높을 것이라 예측할 수 있습니다. 또한 주가 수준과 금리도 살펴보아야 합니다. 주가 수준은 보통 PER(price earning ratio, 주가수익비율)로 판단하는데, 일반적으로 앞으로 6~12개월 이후의 예상 PER을 사용합니다.

해외 지수 ETF는 장기 투자만이 능사가 아닙니다. 일희일비하면서 단기 매매를 해서는 안 되지만 관심 없이 방치하는 것도 바람직하지 않습니다. 상승 추세일 때는 장기 보유하고, 하락 추세일 때는 현금화해두는 것이 좋습니다.

해외지수 ETF는 집중투자하기보다는 국내 주가지수 ETF 등과 포트폴리오를 구성해 투자하는 전략이 효과적입니다.

환율에 민감

해외 주가지수 ETF 투자에서는 환율이 특히 중요합니다. 환율이 오르면 주가 상승에 환율 수익이 더해져 투자 수익률이 이중으로 높아집니다. 그러나 환율이 떨어지면, 즉 원화 가치가 오르면 해당 국가 주가가 상승하더라도 투자수익률이 낮아집니다. 다시 말해 미국 증시가 20% 상승하더라도 미국 달러 대비 원화 가치가 10% 상승한다면 주가상승률은 10%에 그칩니다. 반대로 미국 증시가 10% 하락할 때 원화 가치도 10% 하락한다면 주가 하락이 없었던 것 같은 효력이 있습니다. 그러니 환율 검토가 필수적이겠지요.

투자 대상국의 통화 가치가 하락하면 생기는 환차손을 막기 위해 환매 시 환율을 현재 시점의 환율로 미리 고정해두는 것을 '환헤지'라고 합니다. 역외펀드에 가입할 때 대개는 투자자가 판매회사에 환헤지를 신청하고 비용을 따로 냅니다. 반면에 환차익을 얻기 위한 목적으로 환헤지를 하지 않는 것을 환노출이라고 합니다.

앞에서도 언급했지만, 해외 주가지수에 투자하는 ETF 중에서 환헤지가 된 종목은 종목명 뒤에 약어 (H)가 표시됩니다. 환율에 밝지 않은 개인 투자자는 ETF 종목명에서 (H)로 표기된 환헤지 표시를 확인하고 해당 상품에 투지하는 게 안전합니다. 해외지수 ETF 중 환헤지가 되어 있지 않은 ETF는 가격을 표시할 때 실시간 환율을 계산해서 표시하고 있습니다.

거래시간과 NAV 확인

해외 지수 ETF의 거래 시간이 한국 증시와 일치할 때는 실시간으로 공표되는 NAV를 확인하면서 거래하면 됩니다. 일본이 그렇게 하고 있는데요. 거래 시간이 일부 일치하는 대만이나, 상하이 등은 겹치는 시간에는 실시간 NAV를 확인하며 거래하고 겹치지 않는 시간에는 전날 NAV를 참고하면 됩니다.

거래 시간이 일치하지 않는 미국과 유럽의 증시는 전날 NAV를 기준으로 할 수밖에 없습니다. 다만 S&P 500 지수와 NASDAQ 100 지수를 추종하는 ETF는 해당 선물이 미국 시카고상업거래소에서 24시간 거래되므로 한국 증시 개장 시간에도 미국의 지수 선물 가격을 참고하여 주문을 내면 됩니다.

미국 시장을 최우선으로 고려해야

미국 시장은 최우선 고려해야 할 글로벌 시장입니다. 경제적으로나 군사적으로 세계에서 가장 강한 나라이며 기축통화인 달러의 힘을 누리고 있죠.

도표 25 눈여겨볼 미국 시장 ETF

종목명	추종 지수	특징
KODEX 미국 S&P 500 선물(H)	S&P 500 선물 지수	현물이 아닌 선물에 투자.
TIGER 미국 S&P 500 선물(H)		
TIGER 미국 S&P 500 레버리지 (합성H)	S&P 500 지수	일일 수익률 양의 2배수 연동.
TIGER 미국나스닥100	NASDAQ 100 지수	미국 나스닥 시장을 대표하는 100개 종목으로 애플, 구글, 아마존, 페이스북 등 IT 기업과 인터넷 기업의 비중이 높음.
TIGER 미국다우존스30	다우존스산업평균지수	미국 주식시장에 상장된 초우량 주식인 애플, 코카콜라, 3M, IBM, 보잉, 나이키, 마이크로소프트 등 30개 종목으로 구성.

초우량 글로벌 기업과 함께 4차 산업혁명을 선도하는 기업이 많은 나라이기도 합니다. 주식시장에 상하한가 제도가 없어 가격 변동 폭의 제한도 없습니다. 꾸준히 우상향해온 추세도 주목할 만합니다.

미국 시장의 ETF 중에서는 KODEX 미국 S&P 500 선물(H), TIGER 미국 S&P 500 선물(H), TIGER 미국 S&P 500 레버리지(합성H), TIGER 미국나스닥100, TIGER 미국다우존스30 등의 종목을 신중하게 살펴보기 바랍니다.

해외 ETF 더 살펴보기

▶ SPY(SPDR S&P 500)는 해외 주가지수를 추종하는 ETF 중 유력한 ETF입니다. 미국의 상장지수 펀드로 S&P 500 지수를 추종하며 S&P 500 지수에 편입된 전체 500개 주식을 대표하는 포트폴리오로 미국 대형주를 편입하고 있으며, 단위 투자 신탁 형태로 분기별 배당을 합니다. 시가총액을 기준으로 보유 종목에 가중치를 부여하는 방식이고요. 이 ETF의 주요 구성 종목은 아래와 같습니다.

코드	종목명	비율
AAPL	Apple Inc	6.68%
MSFT	Microsoft Corp	5.61%
AMZN	Amazon.com Inc	4.46%
TSLA	Tesla Inc	2.05%
FB	Facebook Inc A	1.99%
GOOGL	Alphabet Inc A	1.79%
GOOG	Alphabet Inc Class C	1.73%
BRK.B	Berkshire Hathaway Inc Class B	1.40%
JNJ	Johnson & Johnson	1.31%
JPM	JPMorgan Chase & Co	1.26%

(2021년 2월 3일 기준 TOP10 구성 종목)

▶ QQQ(INVESCO QQQ TRUST) 인베스코 QQQ 트러스트 시리즈로 나스닥 100 지수의 운용 실적을 추구하며 미국 대형주를 보유하고 있습니다. 금융 부문은 투자에서 제외되고 기술과 소비자 부문에 주력하는 특징이 있습니다. 주요 구성 종목은 아래와 같습니다.

코드	종목명	비율
AAPL	Apple Inc	11.93%
MSFT	Microsoft Corp	9.42%
AMZN	Amazon.com Inc	8.82%
TSLA	Tesla Inc	5.32%
FB	Facebook Inc A	3.34%
GOOG	Alphabet Inc Class C	3.31%
GOOGL	Alphabet Inc A	3.00%
NVDA	Nvidia	2.66%
PYPL	PayPal Holdings Inc	2.31%
NFLX	Netflic Inc	1.92%

(2021년 2월 3일 기준 TOP10 구성 종목)

▶ FXI(ISHARES CHINA LARGE-CAP ETF, 아이쉐어즈 차이나 대형주 ETF)는 미국에 설립된 상장지수 펀드로 FTSE 중국50 지수(FTSE china 50 Index)를 추종합니다. 금융, 석유가스, 기술 및 통신 섹터에 종목이 집중되어 있습니다. 대표 표본 인덱싱 전략을 사용하며, 자신의 최소 90%를 기초물 지수의 종목에 투자하는 특징이 있습니다. 주요 구성 종목은 아래와 같습니다.

코드	종목명	비율
03690	Meituan	10.80%
00700	Tencent Holdings Ltd	9.83%
09988	Alibaba Group Holding Ltd Ordinary Shares	7.89%
09618	JD.com Inc Ordinary Shares – Class A	5.52%
02318	Ping An Insurance (Group) Co. of China Ltd Class H	4.84%
02269	WuXi Biologics (Cayman) Inc Registered Shs Unitary 144A/Reg S	4.68%
09999	NetEase Inc Ordinary Shares	4.32%
00939	China Construction Bank Corp Class H	4.10%
01810	Xiaomi Corp Ordinary Shares – Class B	3.84%
01398	Industrial And Commercial Bank Of China Ltd Class H	3.71%

(2021년 2월 3일 기준 TOP10 구성 종목)

03

섹터·테마·스타일 ETF

#지금 가장 핫한 유망 업종에 투자하려면?
#메인 투자보다는 보조 투자로 살펴보자
#트렌드를 읽어내는 섬세한 안테나 필요해

섹터 ETF

섹터 ETF는 특정 업종에 속한 기업의 주식을 PDF에 담아 구성한 것입니다. 한 업종이 주식시장의 흐름을 주도할 때가 있는데, 예를 들어 2016년 하반기에서 2017년 상반기에는 반도체 업종의 주가 상승률이 눈부셨습니다. 이때 'KODEX 반도체 ETF'도 높은 상승률을 기록했습니다. 이럴 때는 그 업종의 투자수익률이 높아지는데, 강세장에는 항상 주도주가 있기 마련입니다.

주도 업종의 경우 평균 영업이익이 상장기업 평균 이익보다 월등히 높습니다. 이 현상은 짧게는 1년에서 길게는 4년까지 이어집니다. 주도주에 투자하면 시장평균보다 높은 수익을 누리고 소외된 업종에 투자하면 평균 이하의 수익률을 기록합니다. 따라서 수익률이 높은 유망 업종에 투자하는 것이 효과적일 수 있겠죠? 주도 업종 또는 주도주에 해당하는 섹터 ETF를 매수하고 소외된 업종의 섹터 ETF를 매도하는 전략입니다.

HTS로 업종별 일간·주간·월간 등락률을 검색해보면 주가상승률이 높은 업종이 눈에 띌 것입니다. 그러면 업종 그래프로 상승 추세를 확인하고 업종별 영업이익률도 점검해보세요. 주도 업종은 자기자본이익률(ROE)이 높거나 영업이익증가율이 크다는 사실을 알 수 있을 것입니다.

국내의 ETF 섹터로는 금융, 소비재, IT, 하드웨어+소프트웨어, 헬스케어&바이오, 미디어&여행, 건설, 자동차&운송, 산업재&중공업, 에너지화학 등이 있습니다.

섹터 ETF의 대표적인 종목으로는 'KRX Semicon'을 들 수 있습니다. Semicon 지수는 반도체 섹터 ETF가 추종하는 지수입니다. 국내 산업 중 반도체 산업의 주가 흐름을 반영하는데 반도체 관련 제조업과 반도체 매출이 30% 이상인 기업들로 구성됩니다.

테마 ETF

테마 ETF는 섹터 ETF와 비슷해 보이지만 근본적인 성격이 다릅니다. 섹터 ETF는 업종(산업)을 기준으로 지수를 구성하지만 테마 ETF는 업종과 관계없이 특정한 외적 가치를 기준으로 삼습니다. 예를 들어 'KODEX 삼성그룹'은 전자, 보험, 건설 등 업종에 구애되지 않고 PDF를 구성했습니다. 삼성 그룹 계열사라는 외적 가치를 중심으로 했기 때문입니다.

테마 ETF는 종목 수도 적고 거래량이 부족하여 단기로 투자하기 힘듭니다. 'KODEX 삼성그룹', 'TIGER 현대차그룹+펀더멘털', 'KBSTAR 5대 그룹주', 'TIGER 우선주', 'TIGER 중국 소비테마', 'KODEX 글로벌 4차 산업 로보틱스(합성)', 'TIGER 글로벌 4차 산업 혁신기술', 'KINDEX 미국 4차 산업 인터넷(합성H)' 등의 종목이 상장되어 있습니다.

스타일 ETF

스타일 ETF는 투자 전략 관점에서 그 성격이 비슷한 주식을 묶은 것입니다. 업종이나 외적 형태에 상관없이 내적 투자 가치를 기준으로 삼습니다. PDF에서 가치주와 성장주의 비중이 높은 편입니다.

그밖에 대형주, 중형주, 소형주로 분류하여 지수를 구성하는 사이트 ETF

도표 26 스타일 ETF 특징과 사례

스타일	특징	사례
로우볼	주가 변동성이 낮은 주식	TIGER 로우볼(시가총액 상위 200종목 중 변동성이 낮은 40종목으로 PDF 구성)
밸류	현재 가치가 저평가된 가치주	KINDEX 밸류대형
퀄리티	재무제표상 우량 주식	KODEX 퀄리티 Plus
모멘텀	기술적 분석과 시장 심리 중심	KODEX 모멘텀 Plus(FnGuide 모멘텀 Plus 지수 추종하며 장기 모멘텀이 상위인 주식을 편입)

도 있고, 저평가 종목 중에서 수익성 지표가 좋아지거나 재무구조가 좋아지는 기업의 주식으로 구성된 FnGuide 턴어라운드 투자형 지수를 추종하는 ETF도 있습니다. 'KODEX 턴어라운드투자'는 여기에 해당하는 종목입니다.

섹터·테마·스타일 ETF 투자 전략

ETF를 통해 해당 섹터·테마·스타일에 대한 분산투자와 집중투자가 동시에 가능합니다. 국내주식형 ETF의 경우 최소 10종목 이상이 PDF에 포함됩니다. 자동적으로 분산투자를 할 수 있으면서, 그 안에 같은 섹터·테마·스타일 종목이 있으니 집중투자도 이루어지는 셈입니다.

섹터·테마·스타일 지수를 추종하는 ETF는 거래량이 많지 않아 매매하기에 불편한 점이 있습니다. 거래가 적은 이유는 상장된 기간이 짧아서 아직 투자자에게 보편화되지 않았기 때문입니다. 섹터·테마·스타일 지수 ETF에 투자하는 것보다는 업종 대표 우량주에 투자하는 것이 더 유리하다고 판단하는 투자자가 많습니다. 이런 ETF에 투자할 때는 거래량을 먼저 확인하는 게 좋습니다. 거래가 지나치게 적으면 원하는 시기에 원하는 가격으로 매매하기가 어렵고 불리한 가격으로 거래가 체결되는 경우가 생길 수 있기 때문입니다.

때문에 섹터·테마·스타일 ETF를 보조 투자 수단으로 이용하는 전략이 유효할 수 있습니다. 일정한 비율로 시장 대표지수 ETF에 투자하면서 추가 수익을 목표로 섹터·테마·스타일 ETF 투자를 병행하는 것이죠. 단순히 섹터·테마·스타일 ETF에만 집중하는 것은 바람직하지 않습니다.

섹터·테마·스타일 ETF 투자에는 로테이션 방식과 장기 투자로 사서 모으는 방식이 있습니다. 로테이션은 시장을 주도하거나 유망한 섹터·테마·스타일을 찾아서 옮겨 다니는 것으로 상승 초기 시점에 투자하면 높은 수익을 거둘 수 있습니다. 장기로 섹터·테마·스타일 ETF에 투자한다면 전망을 최우선적인 기준으로 삼아야 합니다. 현재 상황이 좋더라도 전망이 좋지 않은 섹터·테마·스타일은 철저히 피해야 합니다. 최소 몇 년 후 트렌드를 예상하고 투자해야 하는 관점이 요구되기도 합니다.

해외 ETF 더 살펴보기

▶ XLF(FINANCIAL SELECT SECTOR SPDR FUND) 파이낸셜 셀렉트 섹터 SPDR 펀드는 미국에 설립된 상장지수 펀드입니다. 파이낸셜 셀렉트 섹터의 운용 실적에 상응하는 성과를 목표로 합니다. 투자 운용, 은행 등 사업 영역의 금융 서비스 기업을 구성 종목으로 삼습니다.

코드	종목명	비율
BRK.B	Berkshire Hathaway Inc Class B	13.18%
JPM	JPMorgan Chase & Co	11.67%
BAC	Bank of America Corp	6.74%
WFC	Wells Fargo & Co	3.66%
C	Citigroup Inc	3.59%
BLK	BlackRock Inc	2.99%
MS	Morgan Stanley	2.86%
GS	Goldman Sachs Group Inc	2.79%
SCHW	Charles Schwab Corp	2.35%
SPGI	S&P Global Inc	2.29%

(2021년 2월 3일 기준 TOP10 구성 종목)

04

배당 수익도 챙기는 고배당형 ETF

#주식처럼 ETF로도 배당 수익을 얻자
#따박따박 들어오는 안정적 수익
#고배당주 ETF는 무엇?

매매 차익과 배당을 동시에

주식 투자의 목적은 일반적으로 주가 상승을 통해 매매 차익을 얻는 것입니다. 하지만 은행 이자를 받듯 주주로서 기업의 이익을 공유하는 배당을 받는 것을 목적으로 하는 투자자도 있습니다. 특히 저금리 시대에는 기업의 배당이 투자를 결정하는 데 중요한 역할을 합니다. 주식 중에는 고배당주로 분류되는 종목들이 여럿 있습니다. 이 종목들은 배당성향과 배당수익률이 높은 편입니다.

배당성향(%) = [현금 배당금 ÷ 당기순이익] × 100

배당수익률(%) = [주당 배당금 ÷ 현재 주가] × 100

ETF도 배당을 받습니다. 주식의 배당금을 ETF에서는 분배금이라고 부릅니다. 고배당을 추구하는 주식투자를 하려면 고배당 기업을 하나하나 살펴서 투자해야 하기에 번거롭고 어렵습니다. 그러나 고배당을 하는 기업들의 주식으로 ETF를 구성한 고배당주 ETF를 선택하면 손쉬운 투자가 가능해집니다. 고배당 ETF의 분배율은 대략 연 2% 이상으로 은행 이자보다 높습니다.

고배당 기업은 안정적인 사업으로 꾸준한 매출을 올려 현금흐름이 좋을 때가 많습니다. 그래서 다른 주식형 ETF보다 주가 변동성이 상대적으로 낮습니다. 그 결과 주식시장의 상승장에서는 배당수익이 시세차익에 못 미쳐 불리할 때도 있습니다. 따라서 고배당주 ETF에 투자할 때의 목적은 높은 배당수익을 올리면서 동시에 약간의 시세차익을 추구하는 것이 합리적입니다.

국내 기업들의 배당 시기는 대부분 4월입니다. 배당락이 있어서 결산일까지 ETF를 보유해야 분배금을 받을 수 있습니다. 분배금은 세금 15.4%가 원천징수된 후에 증권계좌로 입금됩니다.

국내 상장 고배당주 ETF

안정적인 수익을 위한 고배당주 ETF 투자에서는 안정성이 우선입니다. 안정성을 평가하는 기준은 순자산총액입니다. 순자산총액은 해당 ETF를 구성하는 자산의 총액인데요, 순자산총액이 높을수록 안정적이고 높은 유동성을 가진 건강한 ETF라고 할 수 있습니다.

고배당주 ETF 중에서는 'ARIRANG 고배당주'의 순자산총액이 가장 높습니다. 그다음으로 'KBSTAR KQ고배당', 'KODEX 고배당'의 순서입니다.

주식의 배당수익률에 해당하는 ETF 분배율도 중요한 선택 기준입니다. 보통 기존 분배율을 참고로 합니다. 물론 지난 분배율이 높았다고 해서 다음 분배율도 높을 것이라고 확신할 수는 없으나 판단 자료로 활용할 수는 있을 겁니다. 고배당주 ETF 중에서 분배율이 높은 'ARIRANG 고배당주'와 'KODEX 고배당'을 눈여겨봅시다.

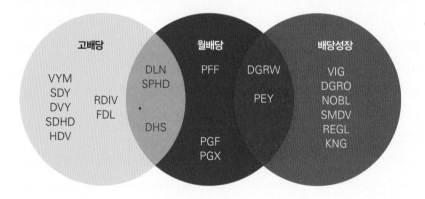

해외 ETF 더 살펴보기

▶ 해외 상장 고배당 ETF는 고배당, 배당성장, 월배당의 3가지 카테고리로 나눌 수 있습니다. '고배당 ETF'는 평균 대비 배당수익률이 높은 주식들을 모은 ETF로, 높은 배당수익을 기대할 수 있습니다. '배당성장 ETF'는 배당수익률은 낮지만, 기업이 성장함에 따라 주가와 배당성장을 함께 기대할 수 있는 종목들로 구성된 ETF입니다. 장기적인 전망을 가지고 기업의 성장성과 함께 매매 차익을 동시에 노리는 투자 전략입니다. 그러나 이 전망은 시장 상황에 따라 달라질 수 있으니 유의하세요. '월배당 ETF'는 매월 매당을 하는 기업들의 주식을 묶은 ETF 입니다. 미국 기업은 우리나라와는 달리 분기 배당을 하는 경우가 많으며 매월 배당을 하는 기업도 있습니다.

05

금 ETF

#경제가 어려워지면 옛적부터 금 투자
#금 ETF로 간편하게 투자하는 법
#때로 종잡을 수 없는 것이 금값? 투자 시 유의할 점은?

대표적 안전자산

2007~2008년 세계금융위기 이후 미국을 비롯한 세계 각국은 경제위기를 극복하기 위한 노력을 기울여왔습니다. 특히 양적 완화를 통해 유동성을 공급하면서 경기를 살리고자 했지요. 이런 시도는 일정 정도 성과를 거두었으나 그 부작용을 낳았습니다. 특히 정부 재정과 부채를 통해 성장을 이루었기에 그것을 조정하는 구조조정 과정이 필요해진 겁니다. 경상수지 적자 문제를 해결하기 위한 환율전쟁도 한층 치열해졌습니다. 이런 와중에 터진 코로나19와 팬데믹 돌풍으로 세계 경제의 불확실성은 현재 더욱 커진 상황

입니다.

세계 경제의 불확실성이 커질수록 안전자산을 향한 관심이 커지게 마련입니다. 대표적인 안전자산으로는 '달러'와 '금'이 있습니다. 미국에서 금융위기가 비롯되었을 때도 달러가 오르는 기현상이 벌어졌는데, 이것은 기축통화로서의 달러가 안전자산이기 때문이었습니다. 달러와 함께 금은 전통적인 안전자산으로 주목받아왔습니다.

2007~2008년 세계금융위기 이후 10년이 넘는 시간 동안 경기 전망에 대한 우려가 있었지만 대부분의 자산가격은 장기간 호조를 보였습니다. 그런데 상대적으로 금은 높은 유동성의 혜택을 덜 받았습니다. 2010년 1월을 기점으로 10년 동안 S&P 500 지수는 3배 상승한 반면, 금 가격은 60% 상승에 머무른 것입니다. 한편으로 이것은 금 가격 상승의 잠재력이 있음을 보여주는 지표라 할 수 있습니다.

금값 상승 예측

금 가격 형성에 영향을 주는 변수로는 시장금리와 달러 가치, 안전 선호 심리를 들 수 있습니다. 하지만 이 변수들이 정교하게 잘 들어맞지 않아 가격 분석이 어려운 현실입니다. 일반적으로 금리가 하락하고, 달러가 강세를 보일 때 금값이 오르는 것이 보통입니다. 하지만 시장금리가 상승하는 구간에 금값이 함께 상승한 경우도 있었으며 달러가 강세를 보였음에도 금값이 떨어진 경우도 있었죠.

그러나 지금은 포스트 코로나 시대이기에 금에 주목할 필요가 있다고 봅니다. 금값은 급락할 때도 있지만, 여건이 조성되면 단기간에 급등하기도 한다는 점을 염두에 두어야 합니다. 시장금리는 미 연준의 강력한 완화정책 속에서 사상 최저 수준까지 내려왔습니다. 달러 지수 역시 높은 수준에 머물러 있지만 혼란스러운 경제 상황 속에서 안전자산을 선호하는 심리가 한동안 이어질 수 있습니다.

2020년 4월 21일 미국의 투자은행 뱅크오브아메리카는 〈미 연준은 금을 찍어내지 못한다〉라는 제목의 보고서를 발표한 바 있습니다. 18개월 후 금값이 온스당 3,000달러까지 상승할 것이라는 내용인데요, 대규모 양적 완화 속에서 글로벌 자산 시장에 유동성이 폭발적으로 증가하면서 실물 자산가격에는 인플레이션이 발생할 수밖에 없다는 논리였습니다.

금 투자를 염두하더라도 특성상 변동성이 매우 높다는 것을 잊지 마세요. 금은 변동성이 매우 높습니다. 가격 상승을 예단하고 뛰어들어서는 안 됩니다. 신중한 접근이 필요합니다.

금에 투자하는 방법

골드바를 사서 금고에 보관하는 것은 효율적인 금 투자 방법이 아닙니다. 개당 가격도 비쌀뿐더러 부가가치세와 수수료를 합해 15%의 추가 비용이 발생하기 때문입니다. 소액으로 금에 투자하고 싶다면 이때도 금 ETF에 투자하는 것이 좋은 방법입니다.

금 ETF는 금 시세 변동에 따라 수익률이 연동되는 방식으로, 주식과 형태가 같아 현금화가 쉬우며 운용 보수와 수수료가 싸다는 장점이 있습니다.

국내 금 ETF

국내에는 금 실물에 투자하는 ETF가 없습니다. 그 대신 금 선물을 기초지수로 추종하는 상품이 나와 있습니다. 선물은 매달 롤오버(선물 만기 연장) 비용이 들기 때문에 수익 면에서 불리할 수 있습니다. 그런데 원화로 투자하는 국내 금 ETF는 환헤지된 상품이 많아서 환율 변동에 신경 쓰지 않아도 되는 것이 큰 장점입니다.

'KODEX 골드선물'과 'TIGER 골드선물'은 금 선물 가격의 정배수를 추종하는 ETF입니다. 미 시카고상품거래소에 상장된 금 선물 최근 월물 지수인 'S&P GSCI 골드 토털 리턴'을 추종하고 있습니다. 'KODEX 골드선물(H)'은 규모가 크지만, 운용보수는 'TIGER 골드선물(H)'이 연간 0.39%로 연간 0.68%인 'KODEX 골드선물'보다 쌉니다.

한국투자신탁운용의 'KINDEX 골드선물레버리지'는 수익률이 매우 높은 편입니다.[8] 금 선물 가격을 기초자산으로 하는 S&P WCI 골드 엑세스 리턴 지수 일간 변동 폭의 두 배를 추종하고 있으며, 금 관련 레버리지 ETF로는 국내에서 유일합니다.

금 하락에 연동되는 ETF로는 'KODEX 골드선물인버스(H)'가 있습니다.

▶ 미국시장에는 금 실물 ETF가 상장되어 있습니다. 미국 금 ETF는 달러로 환전해서 투자해야 하며 환율에 따라 수익률이 달라질 수 있으니 유의하세요. 또 해외 투자상품이므로 연 수익 250만 원 초과분에 대해 22% 양도소득세가 부과됩니다.

▶ 금 실물에 투자하는 가장 규모가 큰 ETF는 'GLD(SPDR Gold Trust)'로 전체 ETF 시가총액 상위 종목 중에서도 상위권을 차지하고 있습니다. 그런데 GLD는 브랜드 파워가 있는 만큼 운용보수율이 높은 편입니다. 그러므로 블랙록에서 운용하는 IAU나 SGOL, BAR 등 운용보수가 상대적으로 낮은 ETF를 선택하는 것도 효과적입니다.

06

통화 ETF

#달러 ETF의 종류와 특징은?
#세계 경제가 불투명할 때 꺼내볼 수 있는 히든카드
#그러나 장기 투자는 금물

달러의 가치

통화 ETF는 환율을 활용해서 다른 국가 화폐에 투자하는 상품입니다. 달러는 기축 통화이며, 미국이 전 세계 경제 성장을 주도하므로 달러의 가치가 크게 변동되지 않을 것으로 예측됩니다.

만약 미국 경제가 나빠지면 이것은 전 세계의 경제위기로 이어지기 때문에 더욱이 안전자산으로서 달러 가치가 상승하는 역설적 현상이 일어납니다. 우리는 이것을 지난 세계경제위기를 통해 이미 경험한 적이 있습니다. 달러화 가치의 상승 압력이 상존하는 가운데, 향후 도래할 예기치 못한 위기 상황에서 달러 강세의 변동 폭보다 원화 평가가치 절하 폭이 더 커져 환차익을 얻을 수 있으니 위기 상황일 때 도움이 될 수 있습니다.

달러는 또한 인플레이션의 대안이 되기도 합니다. 만약 우리나라에 인플레이션이 온다면 원화의 실질 가치가 떨어지는 셈이 됩니다. 이때 자산 가치를 달러로 보유한다면 어느 정도 자산을 보호할 수 있게 됩니다.

달러 ETF는 환율 변동에 가장 빨리 대응할 수 있는 투자상품입니다. 그때그때 매매가 가능한 ETF의 장점이 환율이라는 변동성을 가진 달러 투자에서는 더욱 유리하게 작용하는 겁니다.

국내 달러 ETF

국내 달러 ETF 중, 먼저 달러를 사는 것과 같은 효과를 주는 종목으로 'TIGER 미국달러단기채권액티브'와 'KODEX 미국달러선물'이 있습니다. **도표 27**에서 노란색 'TIGER 미국달러단기채권액티브', 파란색은 'KODEX 미국달러선물', 빨간색은 달러/원 환율입니다. 조금씩 차이가 있지만 같은 움직임이 나타남을 확인할 수 있습니다.

'TIGER 미국달러단기채권액티브'는 퇴직연금 IRP 계좌에서도 투자 가능한 종목입니다. 퇴직연금으로 달러 환차익 투자를 고려하는 사람이라면 참고할 만합니다. 'KOSEF 미국달러선물 레버리지'와 'KODEX 미국달러선물 레버리지'는 달러가 상승할 때 상승의 2배만큼의 수익을 얻을 수 있는 종목입니다.

달러 하락에 투자하는 인버스 종목도 있습니다. 'KODEX 미국달러선물

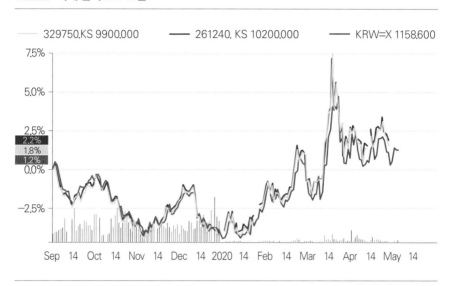

인버스'와 'KOSEF 미국선물 인버스'는 달러 하락률과 수익률이 연동됩니다. 인버스 중에서도 'KOSEF 미국달러선물인버스2x'과 'KODEX 미국달러선물인버스2x'는 달러 가치 하락의 2배수와 수익률이 연동됩니다. 달러 환율의 하락을 확신한다면 인버스 상품에 투자해서 수익을 노릴 수 있습니다.

달러 ETF 투자 전략

환율은 변동성이 크며 세계 경제의 복잡한 변수가 작용합니다. 따라서 상승이나 하락에 대한 확신을 갖기 매우 어렵습니다. 따라서 장기 투자용으로는 적합하지 않습니다. 달러는 단기 환차익 또는 자산분배 용도로 생각하고 접근하는 게 합리적입니다. 환율이 오르락내리락하는 동안 모르는 사이에 손실이 조금씩 쌓일 수 있으므로 달러 레버리지나 인버스 ETF를 보유할 때 특별한 관심을 기울여야 합니다.

그러나 보조 투자 수단으로 활용한다면 분산투자의 폭을 넓힐 수 있다는 장점이 있습니다. 경기가 하락하고 세계 경제의 불확실성이 높을 때의 대비책이 될 수 있는 달러 ETF에도 관심을 둔다면 보완적 투자 수단을 갖게 되는 셈입니다.

해외 ETF
더 살펴보기

▶해외 상장 달러 ETF 중에서 시가총액이 가장 큰 것은 UUP(Invesco DB US Dollar Index Bullish Fund)입니다. 이 ETF는 인베스코가 운용하며 12월에 연배당을 하고 있고, USDX(The Deutsche Bank Long US Dollar Index)를 추종합니다. 유로, 엔, 파운드, 캐나다 달러, 크로나, 스위스프랑 대비 미국 달러 환율 선물시장을 반영하고 있습니다. 달러 대비 다른 통화의 가치가 하락하면 UUP가 상승하는 구조입니다.

07

채권 ETF

#거대한 채권 시장, 소액 개인 투자자가 들어가려면?
#채권 투자도 ETF로
#저금리 시대의 투자 대안 중 하나

가장 큰 금융시장

채권시장이 주식시장보다 크다는 것을 아는 사람은 의외로 드뭅니다. 사실 전 세계 채권시장 규모는 주식시장보다 2배 이상 큽니다. 채권은 이자와 상환 금액이 사전에 정해진 확정부 증권이면서, 투자 대상의 수익과 무관하게 정해진 이자를 지급한다는 약속을 담은 이자 지급 증권입니다. 또한 만기가 정해진 기한부 증권이지요.

발행 주체에 따라 국채, 지방채, 특수채(특별법에 의해 설립된 기관), 금융채(금융기관), 회사채(주식회사)로 나뉘고 이자 지급 방법에 따라 이표채, 할인채,

복리채로 나뉘며 상환 기간에 따라 단기채, 중기채, 장기채로 나뉩니다.

채권은 저금리 시대에 특히 선호되는 경향이 있습니다. 채권과 은행예금은 대체 관계라 할 수 있기 때문인데요, 금리가 하락하면 은행 이자가 떨어지고 조금이라도 높은 수익률을 찾아 채권으로 돈이 몰리게 마련입니다.

ETF를 통한 채권 투자

소액 개인 투자자가 채권에 투자하기란 현실적으로 쉽지 않습니다. 그러던 중 채권형 ETF가 생긴 후부터는 개인 투자자도 채권 투자를 시도할 수 있게 되었습니다.

채권 ETF는 10만 원으로도 국채, 회사채 등 각종 채권을 주식처럼 거래할 수 있도록 만들어진 상품입니다. 만기가 되지 않아도 언제든지 매도하여 현금화할 수 있죠. 이자 수익이 균등하게 반영되므로 언제 매수하거나 매도하더라도 이자 지급일과 상관없이 수익이 발생하도록 설계되어 있습니다.

대표적인 채권 ETF로는 'KODEX 단기채권', 'KODEX 종합채권(AA-이상)액티브', 'KBSTAR 단기통안채', 'KOSEF 단기자금' 등이 있습니다. 'TIGER 미국채10년선물'은 미국 국채에 투자하는 ETF입니다.

채권형 ETF 수익 구조

채권형 ETF는 채권을 주식화한 것이므로 채권인 동시에 주식이 됩니다.

채권형 ETF에서 얻는 수익으로는 채권에서 발생하는 이자 수익과 주가 상승으로 얻는 매매 차익이 있습니다.

금리가 오르기 전 채권은 가격이 떨어지고, 시장금리가 하락하면 채권가격이 올라갑니다. 만기까지의 평균 기간을 듀레이션(duration)이라고 하는데 듀레이션이 클수록 금리가 변동될 때 가격 변동이 커집니다.

채권 ETF에서 소득이 발생하면 15.4%의 소득세가 부과됩니다. 다른 ETF와 마찬가지로 펀드 운용 보수와 매매할 때 위탁 수수료가 발생합니다. 운용 보수는 0.15~3%이고 매매 수수료는 거래할 때마다 0.015~0.03%를 내야 하므로 빈번하게 매매하면 수익 면에서 불리합니다.

해외 ETF
더 살펴보기

▶ 해외 상장 채권 ETF 중에는 미국 국채에 투자하는 ETF가 대표적입니다. 미국 국채는 채권 중에서도 가장 안전하다고 인정받기에 안정성이 크고, 달러 투자를 겸하는 효과가 있습니다. 일반적으로 기간이 길수록 프리미엄이 붙습니다. 미국 국채에 투자하는 대표적인 ETF로 SHY, IEF, TLT, EDV 등이 있습니다.

코드	종목명	기간	배당
SHY	iShares 1–3 Year Treasury Bond ETF	단기	월 배당
IEF	iShares 7–10 Year Treasury Bond ETF	중기	월 배당
TLT	iShares 20+ Year Treasury Bond ETF	장기	월 배당
EDV	Vanguard Extended Duration Treasury ETF	장기	배당 없음

08

실물자산 ETF

#원유, 원자재 투자도 ETF로 가능
#위험 분산 구조이나, 변동성 높아
#개인 투자자라면 신중 또 신중!

선물지수 추종

원유, 원자재 등 실물자산에 투자하는 ETF도 있습니다. 현실적으로 실물을 사서 창고에 보관하기 어려우므로 실물자산에 투자하지 않고 선물가격을 추종하는 방식을 취하는 것입니다. 주식이나 채권 등의 증권과 달리 실물자산은 세계 경제의 흐름 등 변수에 따라 가격 변동 폭이 매우 큽니다. 가격 변동이 심하기에 그 위험을 분산하기 위해 선물이 쓰이는 것입니다.

실물자산 ETF는 주식보다 훨씬 더 투기적 성향이 강합니다. 원자재와 농수산물의 선물가격 등락이 심한데, 실수요 거래에 투기적인 거래까지 가세하기 때문입니다. 국내 증시에 상장된 콩과 은의 가격을 추종하는 종목은 연중 주가 등락 폭이 50~100%로 매우 큽니다.

실물자산 ETF는 S&P에서 산출하는 GSCI 지수를 추종합니다. 통화를 제외하고 귀금속, 농산물, 원유 모두 S&P에서 만든 상품으로 GSCI 지수를 추종하도록 만들어졌습니다.

실물자산 ETF 투자

상품, 통화, 부동산 ETF는 소액으로 투자할 수 있고 외국 통화도 실시간 으로 거래할 수 있습니다. 실물자산이 아닌 선물에 투자하기에 배당금이 없 습니다. 또한 투자 자금의 일부만 선물에 투자하고 나머지는 현금이나 안전 자산에 넣어두는 형식으로, 대부분 환헤지가 되어 있습니다. 따라서 별도로 환리스크에 대비하지 않아도 됩니다.

국내 상장된 실물자산 관련 ETF로는 KODEX WTI원유선물(H), KODEX 은선물(H), TIGER 원유선물Enhanced(H), TIGER 농산물선물 Enhanced(H), TIGER 구리실물, TIGER 금은선물(H), KODEX 3대농산물선 물(H), KODEX 구리선물(H), KBSTAR 팔라듐선물(H), KODEX WTI원유선 물인버스(H), KODEX 콩선물(H), TIGER 금속선물(H), KBSTAR 팔라듐선 물인버스(H)가 있습니다.

국제 유가 마이너스 사태

2020년 4월 세계 경제사에서 초유의 사건이 벌어졌습니다. 만기 도래한 WTI(West Texas Intermediate, 서부 텍사스 중질유) 선물 5월물 가격이 −37.6달러까지 하락한 것입니다. 원유를 팔면서 돈을 내주어야 하는 기상천외한 일이 벌어졌습니다. 마이너스 유가 사태가 벌어지기 얼마 전까지만 하더라도 많은 투자자가 원유 ETF로 몰려든 상황이었습니다. 코로나19로 인해 국제유가가 폭락했기 때문인데요, 국제유가의 기준이 되는 WTI는 2000년대 들어 배럴당 20달러 아래로 내려간 적이 좀처럼 없었습니다. 따라서 투자자들은 이 하락이 오랫동안 지속될 수 없으리라 판단했고, 글로벌 경제가 코로나19를 극복한 후 다시 움직일 때 유가가 최소 두 배 이상 상승하리라 예측했으나 현실에서는 상상조차 못 했던 일이 벌어진 것입니다.

당시 원유 ETF, 그중에서도 'KODEX WTI원유선물(H)'는 뜨거운 관심을 모았습니다. 이 펀드는 원유가격 변동성을 가장 잘 반영하며 운용되는 국내 ETF였지만, 전례 없던 마이너스 유가와 KODEX WTI원유선물(H)의 예고 없는 롤오버에 대한 투자자들의 빗발치는 항의로 몸살을 앓았습니다. 하지만 이는 불가피한 선택이었죠.

원유 선물가격이 요동치는 상황에서 만약 '6월물을 매도하고 다른 월물로 롤오버하겠다'라고 먼저 공지를 한다면 전 세계 원유선물 투자자들이 먼저 이를 인지하여 원유선물 매도로 인한 선물가격 하락으로 이어졌을 것이기 때문입니다. 그 하락 폭의 피해는 고스란히 투자자의 몫으로 돌아갈 수 있는 형편이었습니다.

6월물을 가지고 있었다면 선물거래의 특성상 원유선물 6월물 가격의 하락이 증거금을 유지할 수 없을 정도로 하락하여 펀드 자산의 상당 부분을 잃게 되고 펀드 운용이 불가능해졌을 수도 있습니다. 그 피해 역시 고스란히 투자자에게 돌아갔을 것입니다. 이런 이유에서, 삼성자산운용은 펀드 운용 불가능, ETF 상장폐지, 투자자의 막심한 추가 피해 리스크를 줄이기 위해 6월물의 일부를 원월물로 분산하는 조치를 취했습니다. 이로써 'KODEX WTI원유선물(H)'은 위기를 넘어설 수 있었고요.

2021년 1월 현재 기준으로 국제유가는 정상을 찾았습니다. 2020년 초에 투자자들이 예상했던 대로 WTI가 50달러 선을 넘은 상황입니다.

국제유가의 급등락과 관련 ETF의 긴박했던 대응을 보면, 실물자산 ETF 투자에는 매우 신중한 태도가 요구됨을 알 수 있습니다. 세계 경제 흐름과 관련된 원자재에 대한 지식이 풍부한 상태에서 상당한 수준의 예측력을 발휘할 수 없다면 실물자산 ETF 투자는 피하는 게 좋습니다. 특히 개인 투자자에게는 권하고 싶지 않습니다.

▶ SLV(ISHARES SILVER TRUST)는 은에 투자하는 ETF로, 자산은 주로 신탁을 대신하는 수탁 기관이 보유한 은으로 구성되어 있습니다.

▶ USO(UNITED STATES OIL FUND)는 WTI 원유 가격의 변동을 반영하는 ETF입니다. 뉴욕상업거래소 WTI 원유 선물 가격 변동으로 측정합니다.

09

공격적 투자를 위한
레버리지 ETF

#파생상품 ETF의 세계
#상승장이라는 확신이 든다면, 레버리지 ETF
#신중한 단기 투자로 접근해야

파생상품 ETF

우리나라의 470개 가까운 ETF 중에서 가장 거래가 많은 종목은 'KODEX 레버리지 ETF'로, 코스피 지수를 2배 수익률로 추종하는 ETF입니다. 이 ETF 혼자서 전체 ETF시장 거래량의 20%를 차지하고 있습니다.

두 번째로 거래가 많은 종목은 코스닥150 지수 상승의 2배 수익률을 제공하는 'KODEX 코스닥150 레버리지'입니다. 세 번째, 네 번째로 거래가 많은 종목은 각각 'KODEX 코스닥150선물인버스'와 'KODEX 200선물인버스 2X'입니다.

한국 ETF시장에서 가장 많은 투자자들이 몰려 있는 2개의 레버리지 ETF와 2개의 인버스 ETF는 모두 선물, 옵션 같은 파생상품을 이용해 설계된 파생형 ETF라는 공통점을 안고 있습니다. 파생형 ETF로는 레버리지 ETF, 인버스 ETF, 커버드콜 ETF, 버퍼 ETF가 있습니다.

파생상품이라고 하면, 언뜻 '위험한 상품'이라는 인식이 더러 있지만, 사실 알고 보면 파생상품은 시장의 위험을 분산하기 위한 목적으로 등장한 금융 기법입니다. 금융시장에는 '콜(call)옵션'과 '풋(put)옵션'이 있는데, 콜옵션은 나중에 내가 원하는 가격에 자산을 매수할 수 있는 권리, 풋옵션은 반대로 내가 원하는 가격에 매도할 수 있는 권리입니다. 파생상품은 이러한 콜옵션과 풋옵션을 활용하여 위험을 회피하고 수익을 추구합니다.

레버리지 ETF

해외에는 수익률을 4배까지 추적하는 ETF가 있지만, 국내의 레버리지 ETF는 추종지수를 일일수익률 2배로 추적합니다. 일일수익률을 2배 추종한다고 해서 누적수익률이 꼭 2배가 되는 것은 아닙니다. 일반적으로 그렇게 되지 않는 경우가 더 많습니다. 이자에서 다시 이자가 생기는 복리 효과 때문입니다.

예를 들어 코스피 200 지수가 하루는 10% 상승하고 다음 날 10% 하락하는 횡보를 반복한다고 가정해볼까요. 편의상 'KODEX 200'과 'KODEX 200 레버리지' 가격이 10,000원이라 하고 계산해봅시다. KODEX 200은 첫날 10%인 1,000원이 상승하여 11,000원이 되고 둘째 날 1,100원이 하락

(11,000원×0.1)한 9,900원이 됩니다. 그리고 셋째 날 9,900원의 10%인 990원 상승하여 10,890원이 됩니다. 넷째 날에는 10,890원의 10%인 1,089원이 내려 9,801원이 됩니다.

그런데 KODEX 200 레버리지는 좀 다릅니다. 첫날 10% 상승의 2배인 20% 상승하여 12,000원이 되고, 둘째 날 12,000원의 20%인 2,400원 하락하여 9,600원이 됩니다. 셋째 날 9,600원 20%인 1,920원 상승하여 11,520원이 되고, 넷째 날 11,520원의 20%인 2,304원이 하락하여 9,216원이 됩니다. 이때 지수와 레버리지 ETF를 비교해보면 레버리지 ETF가 585원 더 낮습니다.

이처럼 레버리지 ETF는 상승과 하락이 반복되는 횡보장에서는 좋지 않습니다. 일일수익률 2배가 누적수익률 2배를 보장하지 않기 때문인데요. 일평균 거래대금 비중이 너무 크고 거래량도 많아서 일시적인 가격 왜곡도 생깁니다. 매수호가가 많고 매도호가 또한 많아서 시장가격이 NAV보다 고평가되거나 저평가되는 날이 생길 수 있습니다.

레버리지 ETF 구성 종목을 보면 다른 ETF가 포함되어 있음을 발견할 수 있습니다. 자본시장법상 특정 펀드에 투자할 수 있는 ETF의 한도가 해당 ETF 발생 주식 수의 20%로 제한되어 있기 때문입니다. 그래서 코스피 200 ETF 단 한 종목만 보유하는 것이 사실상 불가능합니다. 따라서 레버리지 ETF는 기초지수인 코스피 200과 연관된 ETF를 여러 종목 보유하고 있습니다.

급등장에서 단기 투자로 적절

레버리지 ETF와 인버스 ETF는 단기 투자에 적합한 상품입니다. 대세 상승장 또는 하락장에서 높은 수익을 챙길 수 있는 투자 방법 중 하나죠. 이벤트 발생 시에는 주식시장에 변동성이 생깁니다. 예를 들어 코스피나 코스닥에서 지수가 2% 이상 하락했다면 그 하락 원인을 파악해보아야 합니다. 일시적 문제이거나 곧 해결할 수 있는 사안이라면 하락한 지수는 단기간 내 상승하기 마련입니다. 이때 레버리지 ETF로 단기 투자를 하면 됩니다.

그 반대의 경우라면 인버스 ETF로 단기 수익을 노릴 수 있습니다. 이처럼 대세 상승장이나 하락장에서 레버리지나 인버스 ETF에 투자하면 수익률이 복리로 누적되어 투자 수익이 극대화됩니다. 주가가 연속으로 하락할 경우는 단기에 손실 폭이 예상보다 커질 수 있으므로 주식시장 상황을 신중하게 판단한 후 상승 추세가 확실할 때 레버리지 ETF를 매수해야 합니다.

레버리지 ETF는 하루 중 고점과 저점 사이 갭이 2~5% 차이를 보입니다. HTS로 거래하면 왕복 매매 수수료가 0.2% 내외이고 거래세 0.3%도 내지 않으니 매매 수수료를 감안해도 등락률이 매우 높습니다. 장중 매매를 할 경우 철저히 고점 매도, 저점 매수 원칙을 지켜야 합니다.

▶ TQQQ(PROETF ULTRAPRO QQQ)는 나스닥 100 지수 일간 운용 실적의 3배에 상응하는 투자 결과를 추구합니다.

▶ UVXY(PROETF ULTRA VIX SHORT TERM FUTURES ETF)는 S&P 500 VIX 숏텀 퓨처 지수 실적의 1.5배를 추구합니다.

▶ SPXL(DIREXION DAILY S&P 500 BULL 3X ETF)는 S&P 500 지수 3배수의 투자 성과를 추구합니다.

▶ UPRO(PROETF ULTRAPRO S&P 500)는 S&P 500 지수 일간 운용 실적의 3배 투자 성과를 추구합니다.

10

하락장에서도 수익을 내는
인버스 ETF

#하락장이라는 확신이 든다면, 인버스 ETF
#해외시장 하락 흐름에도 투자할 수 있어
#그러나 수익률도, 리스크도 모두 2배

주가 하락에서 수익을 얻는 방법

　주가 하락을 예측하는 사람들은 주식시장에서 공매도를 통해 수익을 실현해왔습니다. 공매도는 하락할 것으로 예상되는 종목의 주식을 빌려서 매도한 뒤 실제로 주가가 하락하면 싼값에 되사들여 빌린 주식을 갚음으로써 차익을 얻는 매매 기법입니다. 우리나라에서는 전문 투자자 중심으로 사용되다가 주가가 폭락한 2020년 3월 중순부터 전체 종목에 대해서 6개월 시한을 두고 금지했고, 집필 시점으로 금지 기간을 더 연장했습니다. 공매도가 가능했을 때에도 개인 투자자가 이것을 활용하기란 매우 힘들었습니다.

주식시장 하락에 투자하는 또 다른 방법으로 파생상품인 지수선물을 매도하는 방법도 있습니다. 그러나 선물은 증권회사와 별도 약정을 맺어야 하고 최초 증거금이 2,000만 원 필요합니다. 그렇기 때문에 공매도든, 지수선물 매도든 일반 개인 투자자에게는 적합한 투자 방법이 아닙니다.

그러나 인버스 ETF는 일반 주식과 똑같이 거래할 수 있으며 소액으로도 선물을 매도하는 효과를 낼 수 있습니다. 또한 기존 주식계좌를 이용해 금액에 구애됨 없이 쉽게 매매할 수 있으므로 시장이 하락하는 시기에 급등하는 경향이 있습니다.

인버스 투자 전략

2018년은 인버스 ETF의 해라고 불러도 어색하지 않았습니다. 수익률 상위 10종목이 모두 국내 시장지수의 인버스 ETF였거든요. 인버스 ETF가 하락장에 파생상품과 주식 공매도 투자의 대안 상품으로 유용하게 활용되었습니다.

종목의 '가격'이 아닌 그 '가격의 방향성'에 투자하는 인버스 ETF는 추세를 잘 파악하는 것이 중요하므로 시장 흐름을 읽으며 투자에 집중해야 합니다. 또한 국내는 하락의 2배까지만 연동할 수 있게 제한이 있지만, 미국과 일본 등에는 4배까지도 연동되는 4X 상품들도 있습니다. 이러한 종목들을 잘 이용하면 복리 효과까지 누리며 ETF로도 매우 높은 수익을 올릴 수 있습니다. 하지만 그만큼 위험 부담 역시 몇 배로 커지는 것이기 때문에 더욱더 신중히 고려해야 합니다.

도표 28 2018년 연간 수익률 상위 ETF 10개 종목

순위	종목명	기초지수	수익률(%)
1	ARIRANG 200선물인버스2X	코스피 200 선물	43.01
2	TIGER 200선물인버스2X	코스피 200 선물	42.48
3	KBSTAR200선물인버스2X	코스피 200 선물	42.35
4	KODEX 200선물인버스2X	코스피 200 선물	42.03
5	KOSEF 200선물인버스2X	코스피 200 선물	41.01
6	TIGER 차이나CSI300인버스(합성)	CSI 300	24.78
7	KINDEX 인버스	코스피 200 선물	21.54
8	KODEX 인버스	코스피 200 선물	21.37
9	TIGER 인버스	코스피 200 선물	21.30
10	KBSTAR 200선물인버스	코스피 200 선물	21.02

자료: 한국거래소(KRX)

국내 ETF 종목 중에서 선택한다면 관심 있는 분야와 기존 수익률 등 여러 지표를 고려해서 구매하면 됩니다.

국내 상장 해외지수 인버스 ETF

국내 운용사가 해외지수를 추종해 만든 인버스 ETF를 매수하면 해외지수 하락에도 투자할 수 있습니다. 코로나19 등으로 세계 경제의 불확실성이 증가하여 미국과 중국 등에서 주가지수 하락이 예상된다면 이러한 성격의 종목을 매수할 수 있을 것입니다.

중국시장의 하락을 예측한다면 미래에셋자산운용의 'TIGER 차이나

CSI300인버스(합성)'을 눈여겨볼 수 있습니다. 중국 본토 주식으로 구성된 CSI300 지수를 기초 지수로 하여 중국 본토에 상장된 주식 관련 집합투자증권 및 파생상품을 주된 투자 대상 자산으로 운용하는 인버스 ETF입니다.

ETF의 최대 시장인 미국도 빼놓을 수 없습니다. 미국 주가지수 하락을 확신한다면 'TIGER 미국S&P 500선물인버스(H)'를 검토해보세요. 이 ETF는 미국 주식 관련 장내 파생상품으로 구성된 S&P 500 Futures Total Return을 기초지수로 삼고 있습니다. S&P 500 Futures Total Return은 S&P Dow Jones Indices에서 발표하는 지수로, 시카고상업거래소(CME)에 상장된 S&P 500 Futures의 가격 움직임을 나타냅니다.

▶ SQQQ(PROETF ULTRAPRO SHORT QQQ)는 나스닥 100 지수 일간 운용 실적의 역방향으로 3배수를 추종합니다.

▶ SPXS(DIREXION DAILY S&P 500 BEAR 3X ETF)는 S&P 500 지수 운용 실적의 역으로 3배수 수익을 추구합니다.

▶ SPXU(PROETF ULTRAPRO SHORT S&P 500)는 S&P 500 지수의 일간 운용 실적의 역방향의 3배수를 추구합니다.

▶ SDOW(PROSHARES ULTRAPRO SHORT DOW30)는 다우30 지수 일간 운용 실적의 역방향으로 3배수를 추종합니다.

1 다음은 섹터·테마·스타일 ETF에 대한 설명입니다. 다음 중 <u>정보가 바르지 않은</u> <u>것</u>을 고르세요.

① 섹터 ETF는 특정 업종에 속한 기업의 주식을 PDF에 담아 구성한 것이다.

② 테마 ETF는 섹터 ETF와 달리 특정 업종으로만 구성되어 있지 않고 여러 업종 으로 구성되어 있다.

③ 섹터 ETF의 대표적인 종목으로 KRX Semicon을 들 수 있는데, 헬스케어 섹 터 ETF가 추종하는 지수로 만들어졌다.

④ TIGER 로우볼은 '스타일 ETF'로 분류되며 주가 변동성이 낮은 주식들로 구성 되어 있다.

2 다음 빈 칸에 들어갈 알맞은 답으로 짝지어져 있는 것을 고르세요.

> 고배당 ETF의 분배율은 대략 연 (   ) 이상으로, 국내 기업들의 배당 시기는 대부분
> (   )이다. 분배금은 세금 (   )가 원천징수된 후에 입금된다.

① 5% - 4월 - 0.3%

② 2% - 4월 - 15.4%

③ 2% - 9월 - 15.4%

④ 7% - 9월 - 22%

3 다음은 금 ETF와 통화 ETF에 관한 설명입니다. **올바르지 않은 것을 고르세요.**

① 국내에는 금 실물에 투자하는 ETF가 없지만, 미국에는 상장되어 있다.

② 'KINDEX 골드선물레버리지'는 미 시카고상품거래소에 상장된 금 선물 최근 월물 지수인 'S&P GSCI 골드 토털 리턴'을 추종하고 있다.

③ 'TIGER 미국달러단기채권액티브'는 퇴직연금 IRP 계좌에서도 투자 가능한 종목이다.

④ 해외 상장 달러 ETF 중에서 시가총액이 가장 큰 것은 UUP(Invesco DB US Dollar Index Bullish Fund)이다.

4 다음은 어떠한 ETF 상품에 대해 설명한 것입니다. **다음 설명이 가리키는 ETF 는 무엇일까요?**

> 삼성자산운용에서 운용하는 상품으로, 코스닥 시장에 상장되어 있는 대표 150개 종목으로 구성된 '코스닥 150'을 기초지수로 삼고 있다. 코스닥150 지수가 일간 1% 상승 시 2% 상승하는 것을 추구하며, 국내에서 가장 활발하게 거래되는 ETF 중 하나다.

① KODEX 코스닥150 레버리지

② KODEX 레버리지

③ KODEX 코스닥150선물인버스

④ KODEX 200선물인버스2X

※ 정답은 310쪽에서 확인할 수 있습니다.

Lesson 4

ETF 투자 시작하기

앞서 ETF의 기본 정보들을 꼼꼼히 따져보았으니 이제 본격적으로 실전 투자를 시작해볼까요? 이번 레슨에서는 이제 막 투자를 처음 시작한 왕초보들을 위해 증권계를 만드는 법부터 차근차근 설명했습니다. HTS와 MTS를 활용해 ETF 종목을 고른 뒤 사고파는 방법까지 자세히 설명해드렸으니, 이제 저를 따라 ETF 거래를 시작해볼까요?

01

ETF 계좌 개설 – 증권사 방문

#ETF 실전 투자하는 법
#계좌 개설부터 한 걸음, 한 걸음
#HTS로 어디서나 간편하게 거래

ETF는 주식처럼 거래하기에 주식 거래를 하는 계좌를 씁니다. ETF 투자를 위한 별도의 계좌가 있는 것은 아닙니다. 이미 증권계를 개설한 사람은 기존 계좌를 이용해 거래하고, 증권계가 없다면 신규 개설하면 됩니다. 증권회사 계좌를 만들 때는 영업점을 방문해도 되고, 스마트폰을 이용할 수도 있습니다. 먼저 영업점을 방문해서 계좌를 개설하는 방법을 알아볼까요?

증권회사 선택하기

먼저 내가 앞으로 이용하고 싶은 증권회사를 선택합니다. 전산 시스템이 잘 되어 있고 신용도가 높으며 수수료가 적당한 곳을 선택하면 됩니다. ETF 거래를 할 수 있는 증권회사가 따로 있는 것은 아닙니다. 모든 증권회사에서 모든 종목의 ETF를 거래할 수 있거든요. 다만, 신용거래, 대주거래, 대량거래 는 지정판매회사가 아니면 원활하게 주문이 처리되지 않을 수도 있습니다. 지정판매회사를 확인하려면 자산운용회사의 웹사이트를 참고로 하면 됩니다. 소개된 ETF 종목 중에 해당 종목에 들어가면 지정판매회사, 기준가, 설 정 규모, PDP, 연간 비용, 배당금 지급 방법 등을 확인할 수 있습니다.

영업점 방문해 계좌 개설하기

거래할 증권회사를 선택했다면 증권회사 영업점을 방문합니다. 이때 주민 등록증이나 운전면허증 등의 실명 확인 신분증과 거래용 인감을 지참해야 합니다. 요즘은 서명으로도 처리할 수 있습니다. 증권회사 영업점 창구에 계 좌를 개설하러 왔다고 이야기하면 친절하게 안내해줄 겁니다. 창구에서 계 좌등록신청서와 투자자정보확인서 등의 서류를 작성해 제출하면 끝납니다. 즉시 거래를 할 계획이 아니라면 개설하면서 현금을 입금할 필요는 없습니다. 계좌가 개설되면 증권카드를 발급받습니다.

계좌를 개설할 때 홈 트레이딩 시스템(HTS)도 잊지 말고 꼭 신청하세요. 증권사에 따라 HTS 거래를 위해 보안카드나 OTP 등이 필요할 수 있는데,

창구에서 따로 챙겨 줄 겁니다. 직접 증권회사 영업점에 가지 않아도 됩니다. 증권회사 웹사이트에 가면 연계된 은행이 고시되어 있는데요, 이 은행 중에서 가까운 지점을 방문해 계좌를 개설할 수도 있습니다.

증권회사 영업점에서 계좌를 개설한 후에 컴퓨터나 스마트폰에서 주식을 거래하려면 ID 등록부터 해야 합니다. 계좌를 개설한 증권회사 홈페이지에서 '회원가입'을 거쳐 ID를 등록하고, 공동인증서 발급을 받습니다. 이때 공동인증서는 은행거래용과 다른 증권거래용 공동인증서입니다. 스마트폰 앱으로도 거래하고 싶다면 이 공동인증서를 스마트폰으로 옮기면 됩니다.

증권사 웹사이트에서 간단한 주식 거래와 입출금 등의 업무를 진행할 수 있습니다. 증권회사 홈페이지를 이용한 간단한 업무 사례를 키움증권 화면을 통해 살펴봅시다.

1. 공동인증서를 이용하여 증권회사 홈페이지에 로그인한다.

2. 키움증권의 경우, 홈페이지에서 [온라인지점] → [인터넷뱅킹] → [즉시 이체]를 선택하면 출금 거래를 할 수 있다.

3. 홈페이지에서 주식을 매수 또는 매도할 수 있다. 홈페이지에서 [주식/선물옵션] → [ETF/ETN] → [주문] → [ETF주문]을 선택한 후 화면 오른쪽에서 종목코드를 검색한 후에 매수(붉은 바탕)를 선택하고 주문수량과 가격을 기입한 후 [매수주문]을 클릭하면 된다.

4. 주문 내용이 맞는지 확인한다. 특히 매수와 매도(붉은 바탕과 파란 바탕), 주문 수량과 주문 가격이 정확한지 살펴보고 [확인]을 클릭한다.

HTS 이용하기

앞에서 본 것처럼 HTS나 MTS를 사용하지 않더라도 기본적인 입출금과 증권 거래를 할 수는 있습니다. 그러나 거래 정보를 풍부하게 이용하고 편리하게 거래하려면 HTS나 MTS를 이용하는 편이 훨씬 낫습니다. HTS는 컴퓨터상에서 증권 거래를 할 수 있도록 한 프로그램으로, 이것을 스마트폰이나 태블릿PC 등 모바일로 옮긴 것이 MTS입니다. 증권회사마다 각각의 전용 HTS 프로그램과 MTS 앱을 개발하여 사용하고 있습니다. 증권회사 웹사이트에는 전용 HTS를 다운로드할 수 있도록 안내가 되어 있습니다. HTS 설

도표 31 HTS로 거래 시작하기

치가 완료되면 실행하여 공동인증서 로그인 후에 ETF 거래를 시작하면 됩니다.

신용거래

주식과 ETF 신용거래를 하려면 본인이 직접 증권회사 영업점에 가서 신용계좌를 개설하면 됩니다. 기존 계좌가 있다면 신용계좌약정서에 작성하고 자필 서명합니다. 계좌에 100만 원 이상 입금돼 있으면 가능하고 HTS로도 신청할 수 있습니다. 신용증거금은 보통 50%이고, 대용증권이 있다면 현금이 25%만 있어도 주문할 수 있습니다. 대주의 경우는 100% 현금이 필요합니다.

02

스마트폰을 통한 증권계좌 개설

#증권사에 직접 방문하지 않고서 계좌 만들려면?
#원숭이도 이해하는 증권계 만들기 A to Z
#MTS 전용 앱을 다운로드하자

비대면 계좌 개설

증권사나 은행에 가지 않아도 스마트폰을 통해 간단하게 계좌를 개설하고 입출금을 할 수 있습니다. 이때 스마트폰과 신분증이 있어야 하는데요, 그 방법을 차근차근 알아봅시다. 먼저 증권계좌를 개설하고자 하는 증권회사의 비대면 계좌 개설 앱을 다운받습니다. 앱스토어(애플), 플레이스토어(구글) 등에서 전용 앱을 다운로드해 설치하고 실행하면 됩니다. 증권회사마다 각기 특징이 있지만, 대체로 비슷한 경로입니다. 그럼, 키움증권을 예로 들어 설명해보겠습니다.

먼저 '키움증권계개설'을 검색한 후에 비대면 계좌 개설을 위한 앱을 다운로드합니다. 그런 다음 **도표 32** 처럼 진행하면 됩니다. 계좌 개설 후에는 HTS와 MTS를 설치하여 PC와 스마트폰으로 ETF 거래를 할 수 있도록 준비합니다. 앱스토어(애플), 플레이스토어(구글) 등에서 거래하는 증권회사의 MTS 전용 앱을 다운로드하여 설치하면 됩니다.

도표 32 스마트폰 앱을 통해 계좌 개설하기

1. '계좌개설 시작하기'를 선택하여 계좌개설을 시작한다.

2. 휴대폰, 신분증, 은행/증권계가 필요하다는 안내가 나오면 '시작하기'를 누른다.

3. 약관을 확인하고 개인 정보 수집 동의를 체크한 후, 휴대폰 인증을 진행한다.

4. 거래 상품을 선택하고 숫자 4~8자리의 비밀번호를 설정한다.

5. 입출금 거래를 할 계좌를 등록한다.

6. 안내에 따라 신분증을 촬영한다. 잘못 등록된 부분은 수정한다.

7. '1원 입금확인' 또는 '영상통화'를 통해 본인 확인을 거친다.

8. 계좌 개설이 완료되면 ID와 비밀번호를 등록한다.

9. ID가 등록되었으면, 추가 인증을 거쳐 절차를 끝낸다.

03

증권계좌 입출금 방법

#이제 막 증권계좌를 만들었다면?
#투자금 어떻게 입출금하지?
#OTP도 비대면으로 간편하게

입출금 보안을 위한 OTP 발급

증권회사 영업점에서 증권계좌를 개설하였다면, OTP 등의 보안장치를 받습니다. 그런데 비대면으로 계좌를 개설한 경우 MTS에서 입출금하려면 OTP를 별도로 등록해야 합니다. OTP도 비대면으로 모바일에서 발급받을 수 있습니다.

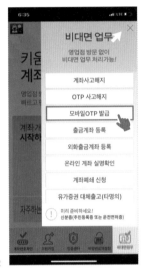

1. 하단의 '비대면업무'를 클릭한다.

2. '모바일 OTP 발급'을 선택한다.

3. 휴대폰 인증을 한 후, 계좌개설 때와 마찬가지로 신분증을 촬영한다.

4. 보유하고 있는 은행/증권사를 선택하고 계좌번호를 입력한다.

5. 모바일 OTP 비밀번호를 지정한다.

6. '키움증권 통합인증' 앱을 실행한다.

7. 오른쪽 상단의 설정을 누르면, 모바일 OTP 일련번호를 알 수 있다. 관련 거래 때마다 생성된다.

증권계좌 입출금 방법

비대면 방식으로 증권계좌를 개설했다면, 등록된 은행계좌로만 출금할 수 있습니다. 따라서 내 은행계좌에서 증권계좌로 이체하는 방식으로 입금을 실행하여야 합니다. 키움증권의 MTS에서는 **도표 34** 와 같이 진행하면 됩니다.

영업점에서 계좌를 개설한 경우에는 연계 은행으로부터 내 증권계좌로 입출금을 받을 수 있습니다. 전체 메뉴에서 [입출금/출고] → [즉시이체]를

도표 34 **MTS에서 입출금하기**(비대면으로 계좌 개설한 경우)

1. 키움증권 MTS의 전체 메뉴에서 '업무'를 누르고 '입출금/출고'에서 '입금'을 누른다.

2. 우측 상단의 계좌 비밀번호를 입력한 후, '연계은행'을 누른다. 연계은행을 선택한 후, 이체 금액을 입력하고 입금을 실행한다.

선택한 후에 진행합니다.

키움증권 HTS의 경우 [온라인업무] → [연계은행입출금]을 통해서 등록된 연계 은행과의 입출금을 모두 할 수 있습니다. 단, 영업점에서 연계은행을 등록한 경우에만 가능합니다. 입금은 '증권 ← 은행', 출금은 '증권 → 은행'을 선택하고 계좌 비밀번호와 금액 등을 입력하면 됩니다.

[온라인업무] → [인터넷뱅킹]을 선택하면 영업점에서 개설한 계좌는 자유롭게, 비대면 개설 계좌는 지정 계좌로의 송금을 할 수 있습니다. 계좌 비밀번호와 송금할 계좌번호 등을 입력한 후 출금하면 됩니다.

도표 35 MTS에서 입출금하기(영업장에서 계좌 개설한 경우)

1. '출금' 탭을 누르고 '출금가능 금액'을 확인한다.

2. 입금기관을 확인하고 출금을 실행한다.

04

본격 ETF 사고팔기

HTS와 MTS를 통한 ETF 매수, 매도 주문

ETF를 매매할 때 주문 내는 방법은 일반 주식 거래 때와 똑같습니다. ETF는 1주 단위로 거래를 할 수 있으니 참고하세요. 그럼 HTS와 MTS로 ETF 주문하는 방법을 알아볼까요?

① 매수 주문

매수할 종목을 정한 후 계좌번호와 비밀번호를 입력하고 수량, 가격, 거래 조건 등을 지정합니다. 주문을 할 때는 매수를 뜻하는 붉은 창이 맞는지, 매

도표 36 MTS를 통해 매수 주문 넣기

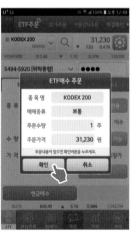

1. MTS에서 매수할 때는 전체 메뉴에서 [주문]이나 [ETF] → [ETF 주문]을 선택하면 된다.

2. 위쪽의 돋보기 메뉴를 선택하여 종목을 검색한 후에 비밀번호를 입력한다. 매수 탭(붉은색 창)을 선택하고 매수할 수량과 가격을 입력한 후 매수를 클릭한다.

3. 매수와 매도, 종목명, 수량, 가격이 정확한지를 다시 한번 점검하고 확인을 선택한다.

수할 종목과 수량, 주문 금액이 정확한지를 꼼꼼하게 확인하여야 합니다. 주문을 정정하려면 윗부분에 있는 '정정/취소'를 클릭하고 수량과 가격을 입력하면 됩니다.

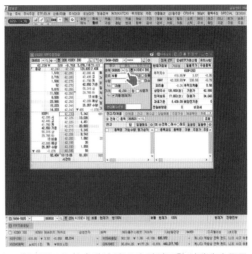

1. HTS에서 ETF를 거래할 때는 일반 주식처럼, [주식주문] 메뉴를 사용해도 되고 [ETF/ELW]에서 [ETF주문종합] 메뉴를 선택해도 된다.

2. 매수 탭(붉은 바탕)에서 돋보기 아이콘을 선택하여 종목을 선택하고 주문할 수량과 가격 등을 입력한 후 매수 버튼을 클릭한다.

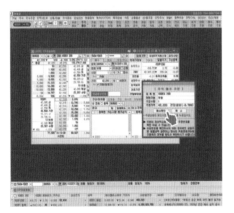

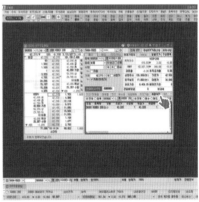

3. 매수 주문이 맞는지, 종목과 수량, 가격이 정확한지 다시 점검하고 확인을 선택한다.

4. 주문창 오른쪽 아래에서 [체결확인] 탭을 선택하면 거래 체결 여부를 확인할 수 있다.

② 매도 주문

매도 주문은 매수 주문과 똑같이 진행하면 됩니다. [현재가] 창에서 [매도]를 클릭하거나 [주문] 창에서 [매도]를 클릭합니다. 매도할 종목을 정한 후 계좌번호와 비밀번호를 입력하고 매도 수량, 가격, 거래조건을 입력합니다. 주문을 할 때는 매도를 뜻하는 푸른 창이 맞는지, 매도할 종목과 수량, 주문 금액이 정확한지를 꼼꼼하게 확인하여야 합니다. 주문을 정정하려면 윗부분에 있는 '정정/취소'를 클릭하고 수량과 가격을 입력하면 됩니다.

도표 38 MTS를 통해 매도 주문 넣기

  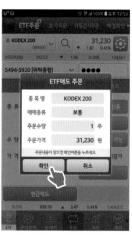

1. MTS에서 매도할 때는 전체 메뉴에서 [주문]이나 [ETF] → [ETF주문]을 선택하면 된다.

2. 비밀번호 입력 후 매도 탭(푸른색 창)을 선택하고 매도할 수량과 가격을 입력한 후 매도를 클릭한다.

3. 매도가 맞는지, 종목명과 수량과 가격이 정확한지를 다시 한 번 점검하고 확인을 선택한다.

도표 39 HTS를 통해 매도 주문 넣기

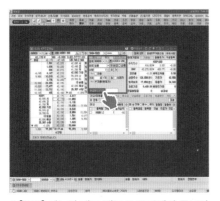

1. [주문] 메뉴의 매도 탭(푸른 바탕)에서 돋보기 아이콘을 선택하여 종목을 선택하고 주문할 수량과 가격 등을 입력한 후 매도 버튼을 클릭한다.

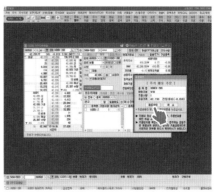

2. 매도 주문이 맞는지, 종목과 수량, 가격이 정확한지 다시 점검하고 확인을 선택한다.

3. 주문창 오른쪽 아래에서 [체결확인] 탭을 선택하면 거래 체결 여부를 확인할 수 있다.

③ 체결 및 잔고 확인

매수와 매도 거래가 체결되면 HTS와 MTS 화면에 표시되며, 카카오톡 메시지 등으로도 알림을 받을 수 있습니다.

도표 40 HTS와 MTS에서 체결 내역 확인하기

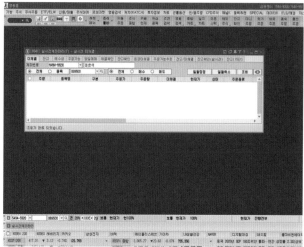

HTS 상단 메뉴의 [주식주문] → [실시간계좌관리]를 통해 미체결, 잔고, 예수금, 체결확인 등의 기능을 이용할 수 있습니다. MTS의 전체 메뉴에서

[계좌]를 선택하면 주문내역, 미체결, 체결확인, 잔고 등의 정보를 이용할 수 있습니다.

ETF 매수와 매도 시 주의 사항

ETF를 사고팔 때는 여러 번에 나누어서 하는 것이 좋습니다. 이것은 주식 매매에서도 똑같이 적용되는 원칙입니다. 특히 매수할 때는 분할하는 것이 바람직합니다. 매도할 시간은 많지 않지만 매수할 시간은 많다는 점을 염두에 두세요. 매수는 며칠간으로 분할하기도 하고 하루 중에서 시간을 나누

〈주식 매매 주문 방법〉

- 지정가주문: 매수나 매도 수량과 금액을 지정해서 내는 주문.
- 시장가주문: 투자자가 매수나 매도 수량만 정하고 가격은 현재 시장에서 형성된 시세를 따르는 주문. 시장가로 매수주문을 냈을 때는 매도주문이 있으면 그 가격으로 우선 매수되고 시장가로 매도주문을 냈다면 매수주문이 있을 때 그 가격으로 우선 매도된다. 꼭 매도하거나 매수해야 할 때만 사용한다.
- 조건부 지정가주문: 장중에 지정가주문으로 매수나 매도 주문을 했으나 장 마감 동시에 시장가주문으로 전환된다.
- 최유리지정가주문: 매수나 매도 수량만 정하여 주문을 내면 매수주문일 때 최우선 매도호가로 매도주문일 때는 최우선 매수호가 가격으로 지정된다.
- 최우선지정가주문: 매수나 매도 수량만 정하여 주문을 내면 매수주문은 최우선매수호가로 매도주문은 최우선매도호가로 지정되는 주문이다.

일반적으로 지정가주문을 원칙으로 하되, 예외적인 상황에서 시장가주문과 조건부 지정주문을 병행한다.

기도 합니다. 하루 중 분할할 때는 장중에 매수하고 매수량의 절반은 종가에 매수해야 실수를 줄일 수 있습니다.

주문을 낼 때에는 매수와 매도가 뒤바뀌지 않았는지, 가격과 수량이 정확한지 꼭 확인해야 합니다. 급한 마음에 '0'이 하나 더 붙거나 덜 붙으면 뜻하지 않은 손해를 볼 수 있습니다. 최종 점검을 하는 것을 반드시 습관화하기 바랍니다.

신용 매수와 대주 매도

ETF도 주식처럼 '신용'과 '대주'가 가능합니다. 신용은 보유하고 있는 현금 이외에 추가로 금융기관으로부터 융자를 받아서 ETF를 매수하는 것을 말합니다. 이 경우 금융기관으로부터 융자받는 것을 '자기융자'라 하고 증권금융으로부터 융자를 받는 것을 '유통융자'라 합니다. 어느 경우든 투자자 입장에서는 마찬가지입니다. 예를 들어 주가가 상승할 것이라는 확신이 드는데 현금이 500만 원밖에 없다면 500만 원 융자를 받아 1,000만 원에 해당하는 ETF를 매수할 수 있습니다. 융자금액 500만 원에 대해서는 매월 말 이자를 지급해야 합니다. 이자는 계좌에 현금이 있으며 자동으로 빠져나갑니다. 상환기간은 보통 3개월인데 해당 기간 안에 매도하든지 현금으로 상환하면 됩니다.

주가가 상승할 것으로 확신할 때는 신용매수를 합니다. 다른 주식이 있을 때는 기존 주식을 대용으로 하고 보유한 현금을 더해 더 많은 금액의 ETF를 매수할 수 있습니다. 신용 융자비율은 투자금액 40~60%이고 신용거래

기간은 3~5개월입니다.

신용 거래 투자는 매우 제한적으로 해야 합니다. 일시적이며 예외적인 경우만 한다는 원칙을 세워야 합니다. 투자 경험이 부족하다면 신용 거래를 자제합시다. 신용 거래 시에는 목표 가격과 손절 가격을 미리 설정하도록 합니다.

주가가 하락할 것으로 예상되면 대주 매도를 합니다. 예를 들어 100만 원의 현금, 증거금으로 KODEX 200 100좌를 2만 원에 대주 매도(신용 매도)했는데 주가가 10% 하락해서 18,000원이 되었다면 18,000원에 매수해서 상환하고 20만 원의 차익을 실현할 수 있습니다. 반대로 10% 올라 22,000원에 주식을 사서 상환하면 20만 원의 손실을 입습니다.

하락장에서는 보유 주식을 매도하고 파생상품을 이용합니다. 콜옵션 매도, 풋옵션 매수 등이 있고, ETF 대주 매도를 하는 등의 방법이 있습니다.

레버리지 ETF 거래 시 필요한 기본 예탁금과 사전 교육 제도

레버리지 ETF·ETN 매매 시 반드시 알아두어야 할 것이 생겼습니다. 레버리지 ETF·ETN에 대한 교육을 받지 않으면 매매가 불가능해진 것인데요, 2020년 9월 7일 이후로 레버리지 ETF·ETN 거래에 기본 예탁금과 사전 교육 제도가 의무화되었습니다. 아무래도 레버리지 상품들은 위험도가 높은 파생상품인 만큼 제대로 된 이해 없이 투자하는 경우 큰 손실을 입을 수 있습니다. 사전 교육 제도 신설은 파생상품에 대한 투자자의 이해도를 높여 이 같은 손실 위험을 줄이겠다는 취지에서 시작된 것입니다.

사전 교육은 전문투자자, 외국인 투자자, 일임형 계좌를 제외한 개인 투자자라면 반드시 이수해야 하는 대상입니다. 그전부터 레버리지 투자를 하던 사람이라도 2020년 1월 4일부터는 사전 교육을 수료하지 않으면 ETF와 ETN을 살 수 없으니 거래 시 참고하세요.

그럼 사전 교육을 받으려면 어떻게 해야 할까요? 교육은 온라인으로 이루어지는데, '한국금융투자협회 금융투자교육원(www.kifin.or.kr)' 홈페이지를 통해 '레버리지 ETP 가이드 과정'을 수료하면 됩니다. 금융투자교육원 홈페이지에 접속하면 화면 가운데 보이는 '이러닝' 메뉴를 선택한 후 '레버리지' 등으로 검색하면 교육 과정 링크가 나옵니다. 여기에서 수강신청을 하면 됩니다.

진도율 100%를 충족하면 1시간 후 자동 수료 처리가 되고, 교육비용은 3,000원입니다. 수료가 끝나면 '수료증'과 수료번호를 확인한 후 증권사에 교육 이수 사실을 등록해야 합니다. 이 과정을 끝내야 레버리지 ETF·ETN 거래를 할 수 있으니 투자 계획을 세워두신 분들은 미리 교육을 받아두시는 게 좋겠습니다.

또, 레버리지 ETF·ETN를 거래하고자 한다면 '기본 예탁금'도 확인해야 합니다. 2020년 9월 7일 이후 증권계좌를 개설한 신규 투자자는 최초 투자일부터 3개월까지 예탁금 1,000만 원을 보유해야 레버리지 ETF·ETN을 매매할 수 있기 때문입니다. 2020년 9월 7일 이전에 계좌를 개설한 기존 투자자는 500만 원을 보유해야 합니다. 단, 이전 거래 규모가 일정 수준을 넘으면 기본 예탁금이 면제될 수 있습니다.

도표 41 레버리지 ETF·ETN 거래에 필요한 온라인 교육 듣기

1. 한국금융투자협회 금융투자교육원(www.kifin.or.kr) 홈페이지에 접속하여 '이러닝' 메뉴 선택한다.

2. '레버리지' 등의 키워드로 교육 과정을 검색한 후, 〈레버리지 ETP 가이드 과정〉 교육을 수료한다.

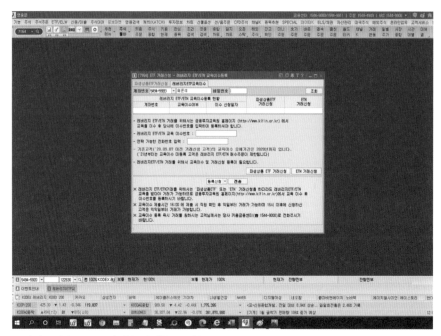

3. 거래 증권사 HTS 등에 이수 사실을 등록한다.

05

HTS 활용의 기본

#HTS를 잘 활용하기 위한 기초상식
#초보 투자자를 위한 일대일 수업
#ETF 종목과 종목별 구성 찾아보기

ETF 정보 활용하기

증권회사의 HTS들은 최근 ETF 거래와 관심이 증가함에 따라 다양한 정보를 제공하고 있습니다. 키움증권 HTS인 '영웅문'도 ETF/ELW 별도 메뉴를 구성하고 있는데요, 먼저 ETF 종목을 검색하는 방법을 한번 알아봅시다.

[도표 42]처럼 상단 메뉴 중 [ETF/ELW]를 선택하고 하위 메뉴 중 [ETF 구성종목]을 선택합니다. 생성된 창에서 왼쪽 위의 돋보기 모양을 클릭하면 ETF 종목 검색창이 뜹니다.

왼쪽을 보면 종목별 카테고리가 나옵니다. 국내지수형 하위에는 국내시

도표42 ETF 종목 검색하기

장지수, 업종/섹터지수, 스타일/테마지수가 있고요, 레버리지/인버스형, 해외

지수형, 채권형, 통화형, 상품형, 합성형, 비과세해외 등으로 ETF가 분류되어

있습니다.

　레버리지/인버스형을 선택하면 관련 ETF가 나열됩니다. 위쪽 [종목명]을

누르면 자산운용사 브랜드별로 ETF 종목을 한눈에 볼 수 있습니다.

KODEX 200			추적지수	KOSP1200	1.0x
현재가		27,485	대비	▼ 130	-0.47
순자산총액(억)		57,821	구성종목수		199
LP최소호가수량		0	LP주문가능		가능
전일 과표기준가					7,929.42
전일배당전 과표기준가					0
전일 배당금액					0
과세유형					비과세

종목명	수량	현재가	거래량	비중
삼성전자	8,209	50,100	5,551,418	30.06%
SK하이닉스	977	78,500	3,531,024	5.60%
NAVER	221	151,000	165,903	2.44%
셀트리온	172	183,500	216,799	2.31%
신한지주	712	42,250	289,729	2.20%
현대차	246	122,500	270,517	2.20%
현대모비스	113	240,000	91,792	1.98%
POSCO	120	224,500	75,387	1.97%
KB금융	620	42,950	444,224	1.95%
LG화학	80	298,500	137,815	1.75%
SK텔레콤	89	239,500	49,889	1.56%
LG생활건강	16	1,276,000	11,529	1.49%

해당 종목의 ETF가 어떻게 구성되어 있는지 보려면, 상단 메뉴에서 [ETF/ELW] 하위 [ETF 구성종목]을 선택하고 돋보기 모양을 클릭하여 종목을 클릭합니다. **도표 43**은 예시로 KODEX 200에 대해 살펴본 것입니다. 들어가보면 이 ETF의 현재가, 전일 대비 등락률과 함께 추적지수, 순자산총액, 구성 종목 수, 과세 유형, 구성 종목 정보 등을 알 수 있습니다. 스크롤을 아래까지 내려보면 전체 구성 종목을 볼 수 있고, 비중을 누르면 비중이 큰 순서대로 볼 수 있습니다.

도표 44 HTS 차트로 종목 검색하기

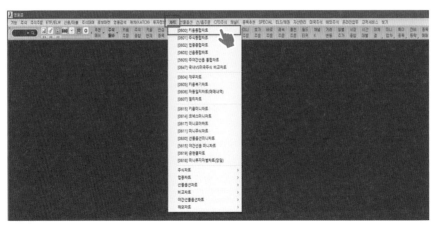

1. HTS에 로그인한 후 [차트] → [키움종합차트]를 선택한다.

2. 왼쪽 상단에서 차트 종류를 선택할 수 있다. 주식, 업종, 선물옵션, 해외가 있다.

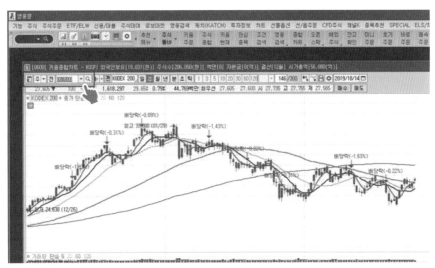

3. 왼쪽 위의 돋보기 모양을 클릭하면 종목을 검색할 수 있다.

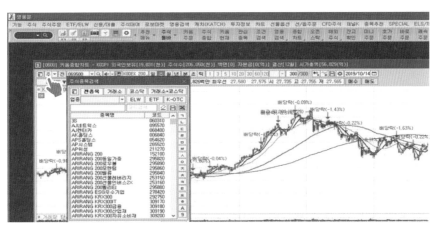

4. 왼쪽 위에서 주식을 선택하고 돋보기 모양을 누르면 주식 종목을 검색할 수 있다. 거래소별로 종목
을 검색할 수 있으며, ETF만 별도로 검색할 수도 있다.

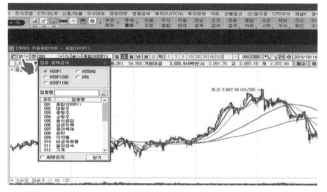

5. 왼쪽 위에서 업종을 선택하고 돋보기 모양을 누르면 주요 지수별 구성과
   업종별로 차트를 볼 수 있다.

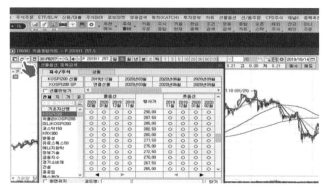

6. 왼쪽 위에서 '선옵'을 선택하면 선물옵션 종목이 검색된다. 기초자산에 따
   라 월물별 차트를 검색할 수 있다.

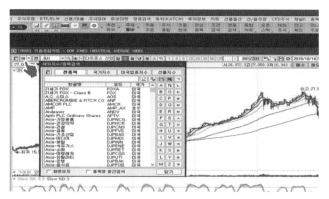

7. 왼쪽 위에서 '해외'를 선택하고 돋보기 모양을 누르면 원하는 해외 차트를
   직접 검색하거나 국가지수, 미국 업종, 선물지수 등으로 검색할 수 있다.

투자 실력을 키우는 MINI QUIZ ④

1 다음은 경제용어를 설명한 것입니다. 다음 설명이 가리키는 것을 고르세요.

> 구매비용을 평균화하는 투자법을 활용화하는 투자법으로 '정액분할 투자법'이라고도 한다. 주가가 높을 때는 적은 수의 주식을 매입하고 주가가 낮을 때는 많은 수의 주식을 구매함으로써 한 주당 평균매입단가가 낮아지는 효과를 말한다. 이를 적립식 펀드에 적용하여 장기 투자를 진행하면 오르내리는 주식 시세에 비교적 영향을 받지 않고 안정적인 운용을 할 수 있게 된다.

① 코스트 에버리지 ② 레버리지
③ 패시브 전략 ④ 거치식 투자법

2 다음은 ETF 계좌를 시작하려는 사람들의 대화입니다. 다음의 대화 중 올바르지 않은 정보가 포함된 것을 찾아보세요.

> (a) 김주식: 대박씨, 혹시 투자하세요? 저는 ETF에 투자해보려고 하는데 증권계가 있으면 주식처럼 거래할 수 있다고 하더라고요.
>
> (b) 나대박: 저도 최근에 시작했어요. 요즘은 증권사에 직접 방문하지 않아도 비대면으로 계좌를 만들 수 있어서 편하더라고요.
>
> (c) 김주식: 맞아요! 세상 참 편리해졌죠~ MTS 어플을 깔면 핸드폰으로 바로바로 거래도 할 수도 있고 말이에요.
>
> (d) 나대박: OTP 같은 보안장치도 비대면으로 발급받을 수 있으니 굳이 증권사나 은행을 찾아야 하는 번거로움도 없어졌어요.
>
> (e) 김주식: 아 그런데, 저는 이번에 ETF 레버리지 상품들을 사려고 했는데, 최근에 파생상품 ETF에 대한 교육을 받지 않으면 매수할 수 없다는 규정이 생겼더라고요?
>
> (f) 나대박: 네, 맞아요. 아무래도 상품에 대해 제대로 모르고 투자하는 사람들 때문에 생긴 것 같아요. 그런데 레버리지 ETF에만 해당되는 내용이라 레버리지 ETN를 거래할 때는 해당되지 않는다고 합니다. 어쨌거나 투자할 때는 신중을 기해야 하죠.

① (a)　　② (b)　　③ (c)　　④ (d)　　⑤ (e)　　⑥ (f)

※ 정답은 310쪽에서 확인할 수 있습니다.

Lesson 5

ETF
수익성 극대화 전략

이번 레슨에서는 여러분들과 함께 투자 전략을 짜보는 시간을 갖도록 하겠습니다. 잃지 않는 투자로 의미 있는 수익을 만들기 위해서는 반드시 이기는 전략을 짜야 합니다. 시장을 이기는 전략으로 저는 정액적립식 분할매수 전략을 강조하고 싶은데요, 어떻게 하면 이를 현명하게 실행할 수 있는지 설명드리려고 합니다. 또한 투자는 개개인의 나이, 성향, 투자 상황에 따라 다르게 진행될 수밖에 없습니다. 그래서 이번 레슨에서는 신입사원, 자영업자, 은퇴자 등 유형별로 각기 다른 맞춤 ETF 전략을 소개해드리려고 합니다. 이 책을 읽는 독자 분들도 자신의 투자 상황과 투자 목표 등을 떠올려보면서 참고하시면 좋을 것 같습니다.

01

ETF 투자 전략과
포트폴리오 구성

#ETF로 포트폴리오 구성하는 방법
#나의 자산을 적절하게 분산투자 하려면?
#자산 배분할 때도 탈무드의 지혜를 빌릴 수 있다!

포트폴리오 구성에 탁월한 투자 수단

ETF는 그 자체만으로도 효율적으로 자산을 배분하면서 포트폴리오의 위험을 효과적으로 관리할 수 있는 수단입니다. ETF를 단독으로 운영하지 않을 때는 다른 투자 수단과 ETF를 병행하는 방법을 우선 생각해볼 수 있습니다. 이때 ETF를 중심적 투자 방법으로 써도 괜찮고 보조적 투자 방법으로 동원해도 됩니다. ETF는 기존에 운용하던 펀드 투자의 80% 이상을 대체할 수 있습니다.

예를 들어서 개별 종목에 대한 가치투자를 투자의 중심에 놓고 장기 투자하면서 보조적 투자 방법으로 주가지수 인버스나 금 선물 레버리지 ETF 등에 단기 투자하는 방법을 들 수 있습니다. 그와 반대로 주가지수 ETF 투자를 중심에 놓고 장기 투자하면서 보조적이고 단기적인 방법으로 개별 주식 종목에 투자할 수도 있습니다.

ETF로 포트폴리오 구성

보통의 개인 투자자들도 원하는 자산 배분 방향을 설정하고 나면 ETF로 자산 배분을 할 수 있습니다. 성향이 공격적인 투자자의 경우, 주식과 채권에 각각 70%, 30%씩을 투자하는 포트폴리오를 구성하고자 한다면 주가지수에 투자하는 ETF 70%, 채권에 투자하는 ETF 30%를 매수해서 의도한 자산 배분을 완성할 수 있겠죠? 전문성이 있는 투자자라면 더욱 정교하게 ETF로 포트폴리오를 구성할 수 있을 겁니다.

일정 부분 시장수익률을 확보하면서 '시장수익률+부가 수익률'을 얻고자 하는 투자 전략도 ETF를 통해 추진할 수 있습니다. 대표적인 주가지수에 투자해 안정적인 수익을 얻고 나아가 주변 종목에 투자해 추가 수익률을 얻는 방법인데요. 핵심 ETF에 투자금의 절반 이상을 투자하고 나머지로 주변 ETF에 투자할 수 있습니다. 시장 대표지수 ETF 70% + 섹터 지수 ETF 30% 같은 구성으로요.

시장 대표지수 ETF의 수익률은 등락이 심하지 않고 장기적으로 우상향하는 경향이 있기 때문에 상대적으로 안정성이 높은 편입니다. 반면 그 외 ETF는 기대 수익과 위험이 모두 높은 편입니다. 이 둘을 적절히 조화시키는 거죠.

투자자의 성향에 따라 아래와 같은 배분도 가능합니다.

대표지수 ETF 40% + 섹터·테마·스타일 지수 ETF 40% + 해외지수 ETF 20%

대표지수 ETF 30% + 채권형(국고채, 통안채) ETF 50% + 금 ETF 20%

탈무드식 자산 배분

탈무드에는 포트폴리오 구성에 관한 전통적인 교훈이 나옵니다. "모든 사람은 자신의 돈을 세 부분으로 나누도록 하라. 1/3은 땅에, 1/3은 자신의 사업에, 그리고 마지막 1/3은 유사시를 대비하여 현금에." 이 오래된 교훈은 현대에도 유용한 자산 배분 전략으로 사용됩니다.

로저 깁슨(Roger Gibson)은 자신의 저서 《자산배분론》에서 탈무드의 분배법을 현대적인 투자 수단으로 대체하여 운용 전략을 제시한 바 있습니다. 이때 '땅'은 부동산 투자[깁슨은 '집'이 아니라 '리츠(REITs)'를 제안], '사업'은 주식 투자, 그리고 '유동성/현금'은 단기채권으로 대입하였는데요. 지대 수입과 자본수익, 그리고 이자수익으로 자신의 부를 적절하게 배분하라는 조언이었습

땅	지대 추구	리츠(Real Estate Investment Trusts) ETF 고배당주 ETF
사업	자본수익 추구	국내 및 해외 주가지수 ETF(레버리지, 인버스 포함) 금 ETF
현금	유동성 추구	채권(국채, 우량회사채 등) ETF

니다.

　요컨대 땅에 대한 투자는 지대나 임대 소득 같은 정기적 소득(Income) 추구형입니다. 사업에 대한 투자는 리스크를 감내한 고수익 추구형 공격적 투자이고요. 현금은 환금성이 뛰어나고 안정적인 저축이나 투자를 뜻합니다. 상대적으로 수익성이 낮지만 이자 소득을 기대할 수 있죠. 이렇게 세 가지 자산군 정도로 분산투자하는 것을 ETF로 실현할 수 있습니다.

02

정액적립식 분할매수 전략

#ETF로 장기 투자하는 법
#꾸준히 우상향하는 시장에 분산투자하는 것이 답?
#투자 공부할 시간이 부족한 사람,
이것저것 따져보기 골치 아픈 사람들에게 제격!

투자 원칙을 실현하는 장치

장기 투자는 막상 실천하려고 하면 쉽지 않습니다. 대부분 사람들의 마음에는 타고난 심리적인 편향이 내재되어 있기 때문입니다. 만약 이러한 타고난 심리적 한계를 극복하여 장기 투자를 성공적으로 할 수 있도록 돕는 어떤 외부 장치가 있다면 어떨까요? 이때 '적립식 투자'가 그 역할을 할 수 있습니다.

적립식 투자는 일정 기간마다 지속적으로 정해진 규칙대로 투자금을 납입하는 투자 방식입니다. 가장 큰 장점은 보통 바쁜 일상에서 적립식 투자를 강제하다 보면 시장 공포기에도 감정을 배제한 투자가 가능하다는 점입니다.

달러평균법(Dollar Cost Averaging)이라는 게 있습니다. 매입단가평준화라고도 하는데, 전문성이 부족한 개인 소액투자자에게 추천하는 방법이죠. 특정 주식 종목을 정해놓고 이 종목에 정기적으로 일정 금액을 장기간에 걸쳐 투자하는 방법입니다. 이렇게 ETF를 사면 매입 시기가 분산되어 대규모 매입 때 생길 수 있는 위험을 방지하고 상승 국면에서는 평균매입단가가 낮아지는 장점이 있습니다.

정기적금 등의 저축 형태와 비슷한 방식으로 목돈을 마련하고 싶은 사람, 주식이나 ETF에 대해 잘 알지 못하고 자세히 공부할 시간적 여유가 없는 사람, 속 편하게 투자하고 싶은 사람에게 권하는 방법입니다.

정액적립식 투자의 장기적 이점

미국의 S&P 500이나 우리나라의 코스피 지수를 30년 장기로 살펴보면 사이사이에 굴곡이 심한 등락도 보이지만, 장기 추세로 보면 뚜렷한 우상향인 것을 볼 수 있습니다. 일본 등 예외적인 경우를 빼면 한 국가의 대표 주가지수는 우상향이 일반적입니다. 국가별 대표 지수의 기업 성과는 각기 차이가 있을 것인데, 왜 지수는 장기적으로 상승할까요? 증시에서 부실기업은 퇴출되고 우량기업은 상장되기 때문입니다. 개별 종목은 부진하거나 망할 수 있어도 종합지수는 상승세를 유지하는 것입니다.

투자자들은 개별 종목에 기대를 걸지만, 20년 이상 장기 투자한 투자자에게 높은 수익을 안겨준 개별 종목은 전체 상장 기업의 10%도 되지 않는 다는 추적 연구결과가 있습니다. 특히 개인 투자자는 경제적 지식과 시장 흐름을 보는 통찰력, 기업에 대한 정보가 취약합니다. 이들 중 시간을 내어 집중적으로 몰입할 수 있는 투자자는 거의 없다고 보아야 하죠. 이런 개인 투자자가 유망한 개별 종목을 선택하여 장기적으로 수익을 얻는 것은 불가능에 가깝습니다. 그러므로 국가별 대표지수를 선택해 장기간 정액적립식으로 투자해나가는 것이 현실적으로 높은 수익률을 달성하는 방법입니다.

거치식/임의식과의 병행

꾸준히 적립식으로 투자하다가 기회가 왔을 때 추가 자금을 과감하게 투입해서 임의식을 병행하는 것이 효과적 전략입니다. 예를 들어 일반 투자자들이 주가 하락으로 고통스러워하거나 모든 전문가가 증시 전망을 비관적으

로 볼 때가 매수 타이밍입니다. 증권시장에 위기가 와서 주가가 폭락한 다음에는 예외 없이 큰 폭의 주가 상승이 있었다는 점을 참고로 하면 됩니다.

정액적립식 ETF 투자라고 해서 증권계좌에서 특정 날짜에 자동으로 ETF를 매수하는 것은 아닙니다. 투자자가 날짜를 정하고 매수 주문을 내서 매수해야 합니다. 이때 HTS를 이용해 정해진 날 종가에 단일가로 주문을 내면 큰 어려움 없이 쉽게 매수할 수 있습니다.

ETF 장기 투자도 자동이체를 활용해 시작할 수 있습니다. 매달 자동이체를 예약한 증권계좌에서 분할매수로 ETF 장기 투자를 하는 것입니다. 이런 분할매수를 통해 자연스럽게 정액적립식 투자를 하면 됩니다. ETF는 한 종목 안에서 분산투자가 이루어지기에 3~5종목에 집중투자해도 괜찮습니다.

03

직장인 ETF 투자 전략

#직장인을 위한 ETF 맞춤 전략
#월급에서 일정 금액을 떼어 투자하는 법
#적립식 투자는 곧 안정적 노후를 위한 '저축'!

한 설문조사 결과에 따르면 2019년 직장인의 64.7%가 저축을 했으며, 이들 중 절반을 약간 넘는 사람이 매월 일정 금액을 꾸준히 저축했다고 합니다. 그리고 금액은 일정하지 않았지만 매월 꾸준히 저축했다는 비율이 28.8%, 상황에 따라 비정기적으로 저축했다는 비율이 19%였습니다.

저축하는 비율로 보면 20대가 75.3%, 30대가 62.8%, 40대 이상은 60.5%이지만 실제 저축 금액은 20대 직장인이 가장 낮았습니다. 20대는 연평균 저축액 776만 9,000원이고 30대는 906만 8,000원, 40대 이상은 818만 1,000원이었습니다.

저축하지 못한 결정적인 이유로는 대출금이 압도적이었습니다. '갚아야 할 대출금이 많아서 현금을 저축할 여유가 없다'는 응답이 42.5%였습니다. 그리고 '카드값, 생활비를 쓰고 나면 남는 돈이 없다'가 40.8%로 그 뒤를 잇고 있습니다.

공적 노후 보장이 부족한 우리나라에서 10명에 4명 가까이가 저축하지 않는다는 것은 미래에 먹구름이 낀 암울한 상황이라 할 수 있습니다. 저는 직장인의 노후 준비와 목돈 마련에 ETF가 제격이라고 생각합니다. 적은 금액으로 우량주에 분산투자하며 여타 주식과 펀드 등에 비해 확연히 수수료가 낮기 때문입니다.

직장인 투자자금 산정 및 투자종목 선택

월급 289만 원을 받는 사회 초년생 28세 김 사원을 예로 들어 살펴보겠습니다. 독자 여러분도 자신의 급여 수준을 감안해 적용해보면 좋겠습니다. 김 사원은 월급 289만 원을 어떻게 재테크해야 할까요?

가장 먼저 289만 원에서 어느 정도를 ETF에 투자할지 결정해야 합니다. 우선 289만 원에서 기본 생활비, 즉 고정비와 유동성 자금을 뺀 여유자금을 계산합니다. 총급여의 40%를 저축 여력으로 두거나 '100 빼기(-) 나이' 법칙을 적용해 저축 규모를 설정할 수 있습니다. 289만 원의 40%인 115여 만 원, 혹은 '100 빼기(-) 나이' 법칙을 28세에 적용해 72만 원을 ETF 투자자금으로 산정할 수 있습니다.

그렇다면 김 사원은 어떤 전략을 가지고 ETF 투자를 시작하면 될까요? 시장을 분석해서 저점 매수 고점 청산을 할 수도 있지만, 직장생활을 하면서 시장을 분석하는 것은 쉽지 않습니다. 십수 년 투자를 공부해온 실전에 있는 펀드매니저들도 시장수익률을 초과하기 어려운데, 평범한 직장인 김 사원이 어떻게 시장수익률을 넘어설 수 있겠습니까.

보통 펀드는 3년을 보고 투자합니다. ETF는 인덱스펀드를 상장시켜 쉽게 거래를 할 수 있도록 만든 상품이므로 3년 동안 김 사원은 펀드를 가입했다고 생각하면 됩니다. 그리고 다음과 같은 투자 전략을 세운다면 목적 자금을 형성하는 데 도움이 될 수 있습니다.

앞에서 한 달 투자자금으로 72만 원을 산정했습니다. 그렇다면, 한 달을 4주로 나눠서 72만 원을 한 주에 18만 원씩, 4개 종목(KODEX 200, KODEX 코스닥150, TIGER 차이나CSI300, TIGER 미국S&P 500선물(H))에 투자하는 겁니다. 매주 월요일 4개 종목에 4만 5,000원씩(총 18만 원) 분산투자하는 전략을 세울 수 있습니다.

3년 주기, 주 단위 정액적립식 분할매수

김 사원의 경우, 앞서 설명한 '3년 주기, 정액적립식 분할매수'로 하는데, 분할매수는 코스트 에버리지 효과를 가지고 있습니다.

분할매수를 한 주에 한 번 하는 것과 한 달에 한 번 하는 것은 확실히 차이가 있지만, 어느 쪽이 더 리스크를 줄여준다고 단정할 수는 없습니다. 시사 주간지와 월간지를 읽는 것이 다른 것과 마찬가지입니다. 결국 어떤 시장 흐름에 진입하느냐에 따라 달라지기 때문인데요, 일반적으로 분할매수를 할 때는 월 단위로 하는 것을 많이 추천합니다. 펀드도 한 달에 한 번 투자하는 방식을 택하기도 합니다.

그다음으로 자신의 투자 접근성을 체크해봅시다. 즉 진입 후에 바로 수익이 나는 것과 손실이 나는 것을 경험하고, 그다음 주에 추가 매수를 하면서 평균 단가에 대비해 '어제는 2% 수익이었는데 추가 매수를 했더니 -1%가되었다', '그다음 주 또 추가 매수했더니 +2%가 되었다', '이것을 코스트 에버리지 효과라고 하는 구나'를 직간접적으로 경험해가면서 투자 역량을 키워가는 것이 중요합니다.

여기서는 투자자 자신이 성장하는 것을 목표로 하기 때문에 주 단위로 투자하는 것으로 가정하겠습니다. 월봉 차트를 주봉 차트로 바꾸면 촘촘한 차트로 디테일한 흐름을 볼 수 있습니다.

도표 45 를 보면 KODEX 200 ETF의 경우 2003년 초 5,000원에서 2005년 1만 원까지 100% 상승했습니다. 2003년부터 월요일이든 금요일이든 매주 분할매수를 했다면 평균 단가는 5,000원과 1만 원 사이인

도표 45 KODEX 200 월봉(2003~2021년)

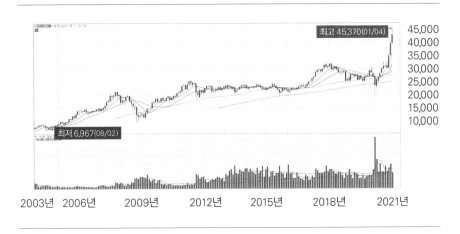

7,000~7,500원 정도가 될 겁니다. 3년 후 KODEX 200 ETF가 1만 원이 되었을 때 수익률은 약 20%입니다. 3년 동안 누적 수익률이 20%가 되는 것입니다.

통장 쪼개기 방식으로 매달 받는 이자를 다시 은행에 저축하는 것보다 10배 정도의 수익을 거둔 셈이 됩니다. 3년 만에 10배 수익을 냈으니 그동안 직장인들은 월급이 오르는 만큼 투자금액을 늘려갈 수 있습니다. 앞의 종잣돈을 포함해서 다시 분할투자를 할 수 있는 것입니다.

첫 번째 3년 기간이 끝난 2006년에 다시 ETF 투자를 시작해서 2008년까지 같은 방식으로 투자했다면 1만 원이 2만 2,000원이 됩니다. 100% 상승한 것인데 이때 투자한 사람은 평균 단가의 50%의 누적 수익률이 생깁니다.

반면 2008년에 투자를 시작했다면 2011년에 시장이 폭락하는 것을 경험했을 겁니다. 하지만 제가 권하는 전략을 따라 하는 투자자들은 시장 상황과 상관없이 매주 꾸준히 투자를 지속했을 겁니다. 계좌는 -20%, -30%, -50%가 됩니다. 그런데 2011년에 청산할 때 평균 단가는 2만 원 정도가 되었을 겁니다. 바닥을 찍고 1만 5,000원이 2만 6,000원이 되면 70% 상승해 수익률 30%가 됩니다.

2011년 이후 가두리 장에서는 별로 재미를 보지 못했는데, 가두리 장에서의 투자 전략은 다시 설명하겠습니다. 이와 같이 3년마다 같은 방식으로 ETF에 투자한 사람과 은행만 쫓아다닌 친구와는 쌓인 부가 달라졌을 것입니다.

수익의 눈덩이 효과, 4주 수익률 평가 50% 청산 전략

수익 실현은 매수 평균 단가를 가지고서 '나는 수익률 5%에서 청산한다', '10%에서 청산한다'라는 본인의 청산 원칙을 세우면 됩니다. KODEX 200 ETF를 중심으로 시장 상황에 따라 수익을 실현하는 50% 청산 전략에 대해 알아보겠습니다.

2016년 12월 5일 차트를 보면 '종가 3.15%'가 나타납니다. 저점에서 고점까지의 변동성을 의미하는데요, 예를 들어 상승률 5%를 원칙으로 생각해 보겠습니다.

❶ 11,000원에 분할매수를 시작해 매주 50만 원씩 투자했다면 평균 단가가 형성됨. 투자를 시작하고 4주 동안 평균 수익률이 목표수익률의 5%가 나왔다면 이때 무조건 50%를 청산함.

❷ 4주 동안 100만 원씩 투자했다면 400만 원의 5%인 20만 원 수익이 발생해 평가 금액은 420만 원이 됨. 50%, 즉 투자 원금과 수익을 합친 210만 원을 기계적으로 청산함.

❸ 수익 청산한 210만 원은 CMA 계좌에 저축.

❹ 다시 매주 100만 원씩 투자를 계속하는데, 목표수익률을 3%로 정했다면 평균 단가 대비 3% 수익이 나면 또 절반을 청산함.

이때 목표수익률은 지난 4주의 저점 대비 고점의 상승률로 산정하는데, 5% 상승했다면 매수 평균 단가 대비 5% 수익이 났을 때 50% 수익 청산하는 것입니다. 50%를 청산하는 것은 추가 상승 혹은 하락을 염두에 두는 것입니다.

이 같은 투자 전략은 하락장에서도 평균 단가를 낮추는 효과가 있기 때문에 펀드매니저나 애널리스트보다 좋은 수익을 노릴 수 있습니다. 잃지 않는 투자, 안전한 투자가 되는 것입니다.

잃지 않는 투자, 분할매수 후 50% 청산 전략

분할매수의 투자 수익률은 일, 주, 월 주기와 시장 환경에 따라서 큰 차이가 납니다. 투자 전략 없이 다음과 같이 KODEX 200 ETF를 고점에서 매수했다면 투자자는 큰 손실을 볼 것입니다. 2만 2,328원에서 1만 173원까지 하락하면서 자산이 반 토막 납니다. 제가 권하는 전략을 쫓아서 한다면 한 번 반등했을 때 50% 청산해서 CMA에 저축했을 것입니다. 수익을 확보한 자금은 CMA에서 계속 불어나고 있겠죠.

시장은 앞서 설명한 '4주 목표수익률'에 도달하지 못하고 계속해서 하락합니다. 대부분의 투자자는 이런 하락장에서 버티지 못하고 전부 손절하기 마련입니다. 그러나 잃지 않는 투자를 믿고 계속 분할매수를 해가면 투자금이 쌓이고 기대 수익도 눈덩이처럼 커지는 것을 볼 수 있을 것입니다.

ETF 투자에서 100% 성공하는 길은 시장이 좋을 때도 있고 나쁠 때도 있고 횡보할 때도 있지만, 시장이 장기적으로 볼 때 우상향한다는 것에 대한 믿음에 달려 있습니다.

투자자 입장에서는 시장이 상승하면 우선적으로 좋겠지만, 하락장 이후에 수익률이 더 좋을 수도 있음을 기억해야 합니다. 횡보장에서도 시장 수익률보다 10배에서 20배의 수익을 더 챙길 수 있습니다.

ETF 지수는 결국 우상향

분할매수 후 50% 청산 전략을 기반으로 기계적으로 분할매수를 해가면 장기적으로 수익이 나는 것을 볼 수 있습니다. ETF가 추종하는 지수는 결국 우상향하기 때문입니다.

예를 들어, 미국 S&P 500 지수를 추종하는 TIGER 미국S&P 500선물 (H) ETF는 2011년 10월 1만 1,130원에서 2021년 1월 4만 4,985원이 되었습니다. 10년 만에 304.18% 상승한 것입니다.

다우 지수는 2009년 10월 6469.95포인트에서 2021년 1월 3만 1,272.22포인트까지 상승했습니다. 우리나라 코스피 지수도 100포인트에서 2021년 1월 들어 3000을 돌파하기도 했습니다. 앞으로 우리 증시도 1만 포인트,

도표 46 코스피 지수 추이(1980~2021년)

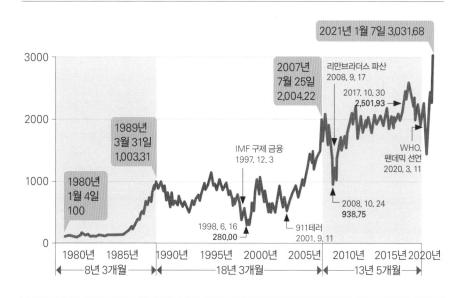

2만 포인트를 보게 될 것입니다.

　S&P 500 20년 차트를 보면 50배 이상 상승한 것을 볼 수 있습니다. 다른 신흥시장도 마찬가지입니다. 베트남 호치민 지수도 2009년 3월 234.82포인트에서 2018년 4월 1211.34포인트가 되었습니다. 이제 신흥시장도 1000포인트를 넘어선 것입니다. 우리나라 경제보다 20~30년 뒤떨어졌지만, 앞으로 이들 신흥국도 2500포인트, 3000포인트가 될 것입니다. 50년이 지나면 미국처럼 1만, 2만 포인트로 성장할 것입니다. 물가 상승과 인구구조로 인한 필연이라고 할 수 있습니다.

　중국 상하이종합지수는 2005년 6월 998.23포인트에서 2007년 10월 6124.04포인트까지 갔다가 2008년 10월 1664.92, 2009년 8월 3478.01포인트, 2013년 6월 1849.65포인트, 2015년 6월 5178.19포인트로 널뛰기를 했습니다.

도표 47 해외 증시 차트

TIGER 미국S&P500선물(H) 월봉(2011~2021년)

최고 44,985(01/04)

304.18% 상승

최저 11,130(01/10)

45,000
40,000
35,000
30,000
25,000
20,000
15,000

2011년　2012년　2013년　2014년　2015년　2016년　2017년　2018년　2019년　2020년　2021년

S&P500 월봉(2007~2021년)

다우존스 월봉(2007~2021년)

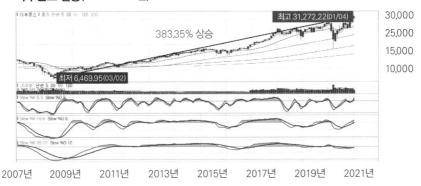

베트남 호치민 지수 월봉(2008~2021년)

상하이종합지수 월봉(2005~2021년)

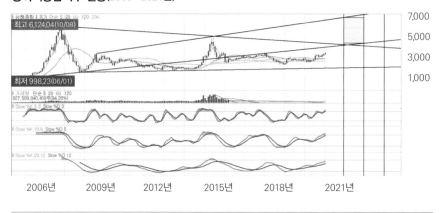

한 나라의 증시를 보면 증시로 민족성을 알 수 있습니다. 중국 증시는 대박과 쪽박을 오갔지만, 경제적으로 안정되면 어마어마하게 성장할 것이라 봅니다. 경제와 정치 발전 시기도 차트를 통해 어느 정도 예측할 수 있는 것입니다.

04

자영업자 ETF 투자 전략

#월수입이 들쭉날쭉한 자영업자도 꾸준한 투자 패턴 만들 수 있다!
#얼마를, 얼마 동안, 어떻게 투자할까?
#CMA 통장을 활용하여 수익을 굴리는 법

서민경제의 핵심축이라고 할 수 있는 자영업자는 과당 경쟁과 경기 침체에 따른 소비 심리 위축, 인구구조 변화 등이 복잡하게 얽히면서 설 자리를 잃어가고 있는 실정입니다. 국세청의 '2019년 국세통계 1차 조기공개'에 따르면 전체 개인사업자(자영업자) 수는 2016년·2017년·2018년 동안 각각 605만 1,032명, 632만 2,420명, 673만 4,617명으로 매년 꾸준히 증가했습니다.

폐업자 수는 2015년 79만 50명부터 꾸준히 늘어 2017년에는 90만 8,076명까지 증가했는데, 이에 따라 개업 대비 폐업 수를 나타내는 자영업 폐업률은 2016년 77.8%에서 2018년 90%에 육박한 것을 통계로 볼 수 있습니다. 10명이 점포를 여는 동안 9명이 문을 닫았다는 이야기입니다.

한국의 자영업이 어렵다는 것은 누구나 다 압니다. 그런데 자영업자들은 직장인들과 달리 국민연금이나 퇴직연금 등 자동으로 이루어지는 저축의 사각지대에 놓인 경우가 많습니다. 하루하루가 급하다 보니 미래 대비를 할 엄두를 내지 못하는 것이죠.

자영업자 투자자금 산정 및 일 단위 정액적립식 분할매수

월평균 소득이 319만 원인 1년차 1인 자영업자 44세 박 사장을 예로 들어봅시다. 자영업자는 직장인과 달리 수입이 일정하지 않지만, 누구나 쉽게 따라 할 수 있도록 패턴을 정해 투자하는 방법을 중심으로 설명해보겠습니다.

박 사장도 앞선 사회 초년생 김 사원과 마찬가지로 가장 먼저 319만 원에서 어느 정도를 ETF에 투자할지 결정해야 합니다. 100 빼기(-) 나이 법칙을 44세에 적용해 56만 원을 ETF 투자자금으로 산정할 수 있습니다.

직장인 김 사원은 주 단위로 ETF에 투자했지만, 자영업자 박 사장은 일 단위로 ETF에 투자하는 것을 상정해보겠습니다. 한 달에 시장이 개장하는 20일 동안 매일 정해진 시간에 3만 원씩 ETF를 매수하는 겁니다. 한 번에 매수할 수 있는 금액이 3만 원이므로 앞서 투자종목으로 선정했던 4개 종목(KODEX 200, KODEX 코스닥150, TIGER 차이나CSI300, TIGER 미국S&P 500선물(H))을 하루에 한 종목씩 돌아가며 매수하는 식이 됩니다.

30일 수익률 평가 50% 청산 전략, 수익은 여유자금으로 적립

목표수익률을 보면, 직장인 김 사원의 경우 과거 4주 평균을 기준으로 잡았는데, 자영업자 박 사장의 경우는 과거 30일 평균을 기준으로 합니다. 지난 30일의 저점 대비 고점의 상승률을 목표수익률로 산정하는데, 7% 상승했다면 매수 평균 단가 대비 7% 수익이 났을 때 투자원금과 수익의 50%를 기계적으로 청산합니다. 이때 목표수익률은 10%를 넘지 않는 범위에서 설정합니다. 청산한 수익자금은 CMA 계좌에 저축합니다.

이렇게 청산 후 수익자금을 확보할 때마다 CMA 계좌에 여유자금으로 저축해두면 사업 운영상 급전이 필요할 때 유용하게 활용할 수 있습니다. 사업을 운영하면서 급전 지출이 월평균 100만 원 정도 발생한다면 3개월치에 해당하는 300만 원이 쌓일 때까지 수익자금을 여유자금으로 모아놓습니다. 이후 수익이 계속 발생해 CMA 계좌에서 3개월치 여유자금을 초과하면 초과 금액은 ETF에 재투자하는 데 사용합니다.

축구 경기가 있는 날 치킨집 매출이 크게 뛴다고 하는데, 이처럼 특정 시즌이나 이벤트로 매출이 늘어났다면 ETF 투자금액을 늘리는 것이 아니라 먼저 CMA에 저축해놓는 방식을 활용합니다.

05

은퇴자 ETF 투자 전략

#100세 시대, 은퇴 후 생활자금을 만들려면?
#은퇴자금으로 창업이냐, 투자냐 그것이 문제로다
#ETF로 은퇴자금 굴리는 법

하이 리스크 창업 vs. 안전 ETF 투자

한 금융기관이 조사한 바에 따르면 우리나라의 예비 퇴직자들은 은퇴 후 최저 생활비로 월 193만 원이 필요하며, 경제적으로 부족하지 않게 살기 위해서는 월 288만 원이 필요하다고 여기는 것으로 나타났습니다. 그렇다면 퇴직한 은퇴가구의 소득은 실제로 얼마나 될까요? 통계청에 따르면 우리나라 은퇴가구의 실제 소득은 150만 원 내외로 나타나 기대와의 격차를 보였습니다.

우리나라 근로자들은 보통 56~58세에 퇴직하는데, 요즘에는 한 기업에서 20년 이상 다니기가 쉽지 않습니다. 고령화 사회에 접어든 100세 시대에 퇴직 시기를 60세로 잡더라도 앞으로 40년을 더 살아가야 하는 현실입니다.

퇴직자들의 퇴직소득도 양극화 현상이 심한 편인데, 퇴직급여, 명예퇴직 수당, 퇴직연금 일시금 등을 포함해 정년퇴직 시기인 50대 근로자의 평균 퇴직급여액은 은퇴 후 생활을 위해 턱없이 부족한 형편입니다.

은퇴 후에도 재테크를 안 할 수가 없는 상황이죠. 문제는 은퇴자금으로 어떻게 재테크해야 하는지에 달려 있습니다. 은퇴자금으로 가장 먼저 고려할 수 있는 것은 창업인데, 앞서 자영업자의 경우를 살펴보았듯이 96.2%가 3년 내 폐업하는 하이 리스크 부담이 있습니다.

만약 창업에 대한 준비가 제대로 되어 있지 않은 은퇴자라면 섣부르게 창업에 나서기보다 은퇴자금으로 투자 수익을 노려볼 수 있습니다. 이때 저는 ETF로 활용해볼 것을 권장합니다. ETF는 하이 리스크인 창업보다 안정적인 수익을 만들 수 있기 때문입니다. 지난 20년 동안 수익이 난 종목이 단 두 개 있는데, 그것이 바로 삼성전자와 KODEX 200 ETF였다는 것을 기억해주셨으면 좋겠습니다. 20년이 흐르는 동안 중간중간 변곡점은 있었어도 시장은 꾸준히 우상향해왔다는 것인데요, 그러한 측면에서 ETF는 은퇴자들에게도 최적의 재테크 수단입니다. 그럼 은퇴자금으로 어떻게 ETF에 투자할 수 있는지 방법을 알아보겠습니다.

퇴직금 투자자금 산정 및 월 단위 정액적립식 분할매수

퇴직금은 나의 노후자금이기 때문에 절대 잃지 않도록 안전하게 투자해야 합니다. 이때 한꺼번에 투자하는 거치식은 '하이 리턴, 하이 리스크 접근' 입니다. 예를 들어, 만약 도표 48 과 같이 2009년에 퇴직하여 퇴직금 3억 원을 KODEX 200 ETF에 거치식으로 투자했다면 2011년에 118.61% 상승해 2년 만에 6억 5,000만 원으로 불어났을 것입니다. 하이 리턴이죠.

반면 2007년에 퇴직해 하반기에 3억 원을 KODEX 200 ETF에 거치식으로 투자했다면 2008년 하반기에 50% 하락해 1억 5,000만 원으로 반 토막

도표 48 KODEX 200 월봉(2003~2019년)

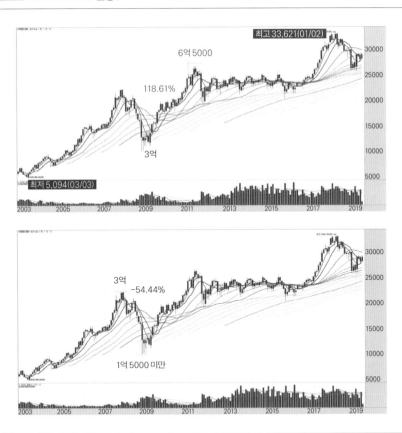

날 수 있습니다. 하이 리스크입니다. 이를 본다면 목돈이 있더라도 꼭 적립식으로 접근해야 하는 까닭을 알 수 있습니다.

그래서 거치식으로 목돈을 한꺼번에 투자하는 것보다 적립식 전략을 취해야 하는데, 다음의 최 상무의 사례를 들어 설명해보겠습니다.

퇴직금 1억 원을 받고 중소기업을 은퇴한 최 상무는 3년 주기로 안전하게 적립식 투자하는 방법을 선택했다고 가정해봅시다. 이 사람은 1억 원을 36개월로 나눠 한 달에 277만 원을 ETF 투자자금으로 산정했습니다. 그리고 나머지 자금은 이자수익을 얻도록 CMA에 저축해놨습니다. 한 달 투자자금 277만 원을 자영업자 박 사장과 같이 시장이 개장하는 20일 동안 매일 분할투자하거나 직장인 김 사원과 같이 4주 동안 매주 분할투자할 수도 있지만, 은퇴자 최 상무는 한 달에 한 번 정해진 날짜에 ETF를 매수하는 전략을 취한 것입니다.

보통 매월 말일에 각종 공과금과 비용을 지출하기 위해 주식을 처분하는 경우가 많으므로 주가가 다소 하락할 가능성이 있습니다. 최 상무는 매월 말일에 70만 원씩 앞서 투자종목으로 선정했던 4개 종목(KODEX200, KODEX 코스닥150, TIGER 차이나CSI300, TIGER 미국S&P 500선물(H))을 분산매수합니다.

3개월 수익률 평가 50% 청산 전략, 수익은 노후자금으로 적립

목표수익률은 자영업자 박 사장의 경우는 과거 30일 평균, 직장인 김 사원의 경우는 과거 4주 평균을 기준으로 잡았는데, 최 상무는 과거 3개월 평균을 기준으로 합니다. 보통 시장은 3, 6, 9, 12 패턴을 보입니다. 3개월마다 선물 동시 만기일이 돌아오기 때문입니다. 3개월 주기로 변동성이 일어난다는 의미입니다.

지난 3개월의 저점 대비 고점의 상승률을 목표수익률로 산정하는데, 5% 상승했다면 매수 평균 단가 대비 5% 수익이 났을 때 투자원금과 수익의 50%를 기계적으로 청산합니다.

이때 꾸준히 시장의 변동성과 경제 뉴스를 챙겨 보면서 '시장 상황이 안 좋으니 이번에는 70%를 청산해야지', '파동 에너지가 이렇게 나타나고 있으니 이번에 60%를 청산해야지', '고점에서 폭락할 가능성이 있다는데 10%만 놔두고 청산했다가 다시 분할매수해야지'를 경험하고 배워가면서 투자자 자신이 성장해가는 것이 중요합니다.

이렇게 청산해서 생긴 수익금은 CMA 계좌에 저축하고, 기존 투자원금에서 분할투자를 계속합니다. 소중한 은퇴자금으로 어설프게 창업했다가 손실을 입지 말고, ETF 투자를 통해 수익금을 여유자금처럼 사용하는 것이 더욱 현명할 것으로 생각됩니다.

06

퇴직연금을 활용한
ETF 투자 전략

#DB형? DC형? 일단 퇴직연금제도의 개념부터 이해하자!
#퇴직연금 그대로 방치하면 안 되는 까닭은?
#IRP 계좌로 ETF 투자하며 스마트하게 수익률 높이는 법

　회사원이라면 대부분 퇴직연금을 운용하고 있을 겁니다. 퇴직연금에는 DB형·DC형·IRP형이 있는데, 내가 가입한 퇴직연금이 그중 어떤 상품이며, 각기 어떤 차이가 있는지 제대로 알고 있는 사람은 그리 많지 않을 것입니다. 우선 3개 상품의 특성과 차이점을 보자면 **도표 49** 와 같습니다.

　앞에서도 언급했지만, 퇴직연금의 수익률은 예금이자보다 못한 것이 현실입니다. 퇴직연금은 2020년 3분기 기준으로 운용 규모가 226조 원을 넘어섰는데 최근 5년간 수익률은 은행 금리와 비슷한 1~2%대에 머물렀습니다.

　물가상승률 2%를 생각해본다면 퇴직연금은 물가 대비 가치가 똑같은 돈을 그대로 찾는 것에 불과할 뿐입니다. DB형 퇴직연금은 손실 책임이 회사

구분	DB형	DC형	IRP형
상품 내용	확정급여형 퇴직연금제도 (Defined Benefit Retirement Pension)	확정기여형 퇴직연금제도 (Defined Contribution Retirement Pension)	개인형 퇴직연금제도 (Individual Retirement Pension)
차이점	근로자가 받을 퇴직급여의 수준이 사전에 확정된 제도로, 회사가 운용에 대한 책임을 지며 운용결과와 관계없이 사전에 정해진 퇴직금을 근로자에게 지급함.	사용자가 부담해야 할 부담금의 수준이 사전에 결정되어 있는 제도로, 근로자가 직접 적립금을 운용하며 운용결과에 따라 퇴직 시 받는 퇴직금이 변동됨.	근로자 개인이 금융기관을 통해 개설하고 운용하는 퇴직연금계좌로, 재직 중 자율적으로 가입하거나 퇴직 시 가입하여 적립금을 운용할 수 있음. 세액공제 혜택과 복리 효과를 누릴 수 있음.
운용 주체	회사(사용자)	근로자	근로자

에 있기 때문에 보수적인 투자 성향으로 이해할 수 있지만, DC형과 IRP형은 개인이 운용할 수 있는 퇴직연금 상품인데도 왜 수익률이 낮은 걸까요?

퇴직연금의 수익률이 낮을 수밖에 없는 이유

미국의 퇴직연금과 호주의 퇴직연금은 수익률이 10%를 훌쩍 넘습니다. 우리나라 퇴직연금 수익률이 1.76%(5년 평균)와 2.81%(10년 평균)에 머물고 있는 것과 비교하면 크게 차이가 납니다. 왜 이 같은 차이가 나는 것일까요?

우선 퇴직연금 관리·운용의 차이에서 비롯된다고 볼 수 있을 텐데요, 우리나라의 퇴직연금과 달리 미국과 호주 등은 다양한 자산을 대상으로 투자를 진행해 수익을 내고 있습니다. 호주의 퇴직연금 제도인 '슈퍼애뉴에이션(Superannuation)'은 총자산 중 주식에 투자하는 비중이 대략 51%에 달

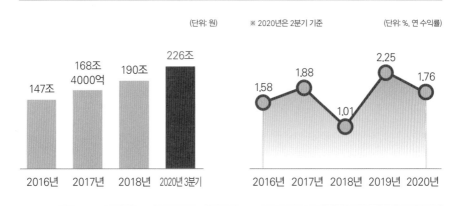

도표 50 국내 퇴직연금 현황

(단위: 원)　　※ 2020년은 2분기 기준　　(단위: %, 연 수익률)

147조　168조 4000억　190조　226조

2016년　2017년　2018년　2020년 3분기

1.58　1.88　1.01　2.25　1.76

2016년　2017년　2018년　2019년　2020년

자료: 금융감독원, 노동고용부

하고 부동산·인프라 등 대체 투자에도 15% 이상의 투자 비중을 갖습니다. 미국의 퇴직연금인 '401K'의 경우 주식 투자 비중이 연령대별로 적게는 56%(60대)에서 많게는 78%(20대)에 달합니다. 반면 우리나라의 경우, 같은 기간 동안 퇴직연금의 총 적립금 중 주식 투자 규모는 한 자릿수 비율에 머무르고 있습니다.

이렇듯 현재 우리나라의 연금 상품의 수익률이 낮은 가장 큰 이유는 퇴직연금 판매사들이 원리금 보장형 상품을 지나치게 선호하기 때문입니다. 이는 상품 가입자도 큰 고민 없이 무조건 원리금 보장형 상품만 추구하기 때문에 비롯된 것이라 봅니다. 우리나라 퇴직연금 적립금 중 원리금 보장형 상품의 비중은 무려 80~90%입니다. 개인이 퇴직연금을 운용하는 DC형조차 대부분의 가입자들이 90% 원리금 보장 상품에 몰리는 모습입니다. 본인이 잘 운용해 수익률을 높일 수 있는데도 말이죠.

우리나라의 퇴직연금 가입자들이 원리금 보장형 상품을 선호하는 이유는 뿌리 깊은 손실회피 성향도 영향이 있겠지만, 그보다는 자산 관리에 대한 무관심이 크다고 봅니다. 더 근본적으로는 낮은 금융 이해도 때문 말입니다.

2018년 4월 조사에 따르면, 퇴직연금을 연금 형태로 수령하는 사람은 2%에 불과한 것으로 파악되었습니다. 100명 중 무려 98명, 98%의 절대 다수가 많은 이유로 퇴직금을 일시금으로 수령하고 있는 상황입니다. 물론 각자의 사정에 맞춰 내린 선택이겠지만, 금융 이해력이 낮음으로써 발생하는 문제점이 노인 빈곤으로까지 이어지고 있으니 결코 간과할 수 없는 문제라고 봅니다. 왜 우리 사회에는 너무나도 당연하게 '퇴직연금은 은퇴 이후 노후를 위한 자금이기 때문에 무조건 원금을 지켜야 한다'는 인식이 가득한 걸까요? 저는 이건 잘못된 생각이라고 과감히 조언하고 싶습니다. 당장의 안전성만 쫓는 지금의 이 선택이 내 노후도 안전하게 만들어줄 수 있다고 확신할 수 있을까요?

투자는 장기전입니다. 장기적으로 투자금을 오래 운용한 사람일수록 더욱 높은 수익을 거둘 수 있습니다. 그렇기 때문에 하루라도 빨리 시작하는 것이 중요합니다. 퇴직연금을 운용할 수 있는 기간 자체가 자신에게 주어진 기회라는 것을 알아야 합니다.

만약 지금 한창 실무에 집중하고 있는 30~40대라면 옛 사고방식에서 벗어나 지금부터라도 새로운 시각에서 퇴직연금 운용을 바라보았으면 좋겠습니다. 30~40대라면 퇴직 시까지 20~30년 동안 퇴직연금 자산을 운용해볼 수 있는 기회가 있습니다. 만약 약간의 손실을 보더라도 다시 만회할 시간이 충분히 주어져 있을뿐더러 어차피 묶여 있는 돈이기 때문에 당장의 손실이 생활에 큰 영향을 미치지 않아 다른 투자보다 부담도 적습니다. 만약 그 오랜 기간 동안 그저 예금 수준의 돼지저금통에 자산을 넣어놓기만 한다면 퇴직연금 수령 시 그동안 일한 시간과 노력에 비해 턱없이 적은 금액에 실망할지도 모릅니다.

이러한 연유로 저는 좀 더 높은 수익률을 목표로 한 적극적인 ETF 투자를 권하고 싶습니다. 소중한 퇴직연금, 어떻게 하면 잘 굴릴 수 있을까요?

퇴직연금 계좌를 활용한 ETF 매매 전략

퇴직연금을 이용한 본격적인 투자 전략에 앞서 몇 가지 짚고 가야 할 것들이 있습니다. 먼저 개인형 퇴직연금인 IRP를 주목하세요. IRP는 회사 등을 통해 DB형이나 DC형 퇴직연금에 이미 가입되어 있다 하더라도 개인이 추가적으로 가입할 수 있습니다.

또한 퇴직연금 계좌를 활용해 ETF 매매가 가능한 증권사가 정해져 있기 때문에 이것을 고려해 IRP 계좌를 개설하는 것을 추천합니다. 현재 미래에셋대우, 삼성증권, 신한금융투자, NH투자증권, 한국투자증권, KB증권, 하이투자증권, 대신증권 이상 8곳의 증권사에서 ETF를 매매할 수 있는 퇴직연금 계좌를 제공하고 있습니다.

예전에는 퇴직연금에 가입된 직장인만 IRP 가입이 가능했으나, 2017년 7월 26일부터는 직장인뿐만 아니라 자영업자·공무원 등 소득이 있는 누구나 IRP 가입을 할 수 있도록 바뀌었습니다. 20~30대라면 본인뿐만 아니라 부모님께서도 노후 준비를 잘하고 계신지, 부모님의 퇴직연금은 어떻게 운용되고 있는지 체크해서, 만약 없다면 부모님도 IRP 계좌를 활용하도록 돕는 것을 추천합니다. 퇴직연금은 55세 이후부터 언제든 연금 수령 시작이 가능하기 때문에, 은퇴 시점부터 국민연금을 수령하기 시작하는 65세 사이에 발생하는 소득 공백을 메워주는 훌륭한 징검다리가 되어줄 수 있어 적극적인 활용을 권합니다.

DC형 퇴직연금으로도 개인이 직접 자산을 운용할 수 있지만 IRP를 추천하는 이유는 세액공제의 장점 때문입니다. IRP에는 연 1,800만 원까지 납입할 수 있으며 이 중 700만 원까지 최고 16.5%가 세액공제됩니다. 다만 700만 원 한도에는 보험사가 판매하는 연금저축 보험이나 증권사가 판매하는 연금저축 펀드, 은행이 판매하는 연금저축 신탁이 제공하는 세액공제 금액이 포함되어 있습니다. 물론 별도의 연금저축이 없다면 IRP 계좌의 연간 납입금액 700만 원까지 동일한 세액공제를 받을 수 있습니다.

연금저축에서 받는 세액공제 이외에도 추가로 세액공제를 받기 때문에 DB형과 DC형에 이미 가입되어 있는 사람들도 IRP에 많이 가입하고 있습니다. 세액공제가 되는 16.5%를 생각해본다면 연 700만 원 납입 시 최대 111만 5,000원의 확정 수익을 거두는 효과도 누리는 셈이기 때문입니다.

또한 퇴직연금에서는 별도의 자산 관리 및 운용수수료(0.2~0.5%)만 부과 되며 ETF를 매매하더라도 일반 ETF와 같이 매매 수수료가 부과되지 않는 다는 것도 큰 장점입니다. 그렇기 때문에 퇴직연금 계좌 내에서는 시장 상황 에 따라 자주 거래해도 거래 수수료 부담이 발생하지 않습니다.

IRP의 장점이 하나 더 있는데요, 세액공제뿐만 아니라 과세 이연 효과도 얻을 수 있습니다. 퇴직연금 계좌를 통해 ETF에 투자하면 발생한 이익금액 에 대해 발생하는 모든 이자소득세와 배당소득세가 과세 이연되고, 추후 연

도표 51 삼성증권 홈페이지에서 퇴직연금 ETF 거래하기

금 수령 시 연금소득세 3.3~5.5%만 납부하면 됩니다. 즉 퇴직연금 ETF는 발생 이익에 대해 소득세가 바로 부과되지 않고, 55세 이전의 수익에 대해서는 연금 수령 시 3.3~5.5%의 연금소득세로 부과되는 방식이기 때문에 상당 부분 절세가 가능해집니다.

물론 중도해지 등 연금 수령 요건을 갖추지 않고 지급받으면 16.5%의 세금이 발생됩니다. 그래서 20~30대라면 가입 시작부터 무리하게 많은 돈을 입금하는 것보다는 세액공제 한도 내에서 자동이체로 소액씩 납입하는 것을 추천합니다. IRP 계좌를 여러 개 만들어 분산해놓는 것도 한 방법입니다.

연간 최대 공제 대상 납입액은 700만 원이지만 매년 700만 원을 납입하려면 한 달에 58만 원 정도를 납입해야 하기 때문에 다소 무리가 따를 수

도표52 삼성증권 WTS 퇴직연금 ETF 거래 화면
(퇴직연금계좌 이용 시 매매 가능한 ETF 종목을 바로 조회할 수 있다)

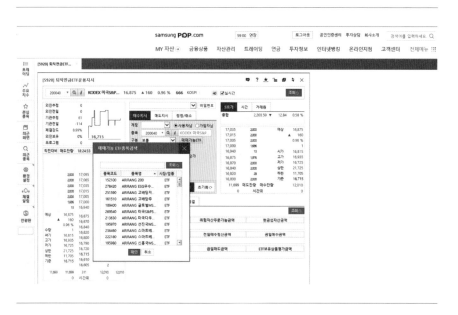

있습니다. 욕심 내지 않고 처음 가입 후 5년 동안은 10만 원, 이후 5년은 20만 원, 이런 식으로 은퇴 시기가 가까워질수록 납입액을 단계적으로 늘리는 것도 좋습니다. ETF의 장점 역시 소액으로 분산투자가 가능한 것이니 말입니다.

더불어 연간 세액공제 한도를 초과하여 납입한 금액은 다음 연도 이후 납입금으로 전환하여 세액공제를 신청할 수 있기 때문에 상여금 등의 추가 소득이 생길 경우 IRP에 납입하는 것도 좋은 활용 방안이 될 수 있습니다. 예를 들어 2019년 1,000만 원을 납입한 경우 2019년에는 700만 원에 대해서만 세액공제를 받고 나머지 300만 원은 내년에 이월 신청하여 세액공제를 받을 수 있습니다. 단, 다음 연도 이후 세액공제 한도 내에서만 인정된다는 점을 알아두세요.

ETF 매매 시 잊지 말아야 할 점

마지막으로 IRP 계좌로 ETF 매매 시 매매할 수 있는 ETF 상품에 제한이 있다는 점도 기억해야 합니다. 퇴직연금 투자 시 국고채, 예금, 채권형 펀드, 채권혼합형 같은 비교적 안전한 상품에는 100%까지 투자가 가능하지만 주식형 펀드와 주식혼합형 펀드, 특수채권, 지방채권 등은 총 적립금의 70% 이내에서만 투자가 가능합니다. ETF도 이 70%에 해당합니다.

ETF 중에서도 단기 투자에 적합한 레버리지 ETF나 인버스 ETF와 같은 파생 ETF는 퇴직연금에서 거래할 수 없습니다. 기초 지수의 변동을 100% 모두 반영하지 못할 수 있어 퇴직연금과 같은 장기 투자에는 적합하지 않기 때문입니다. 연금저축 계좌는 레버리지와 인버스 상품을 제외한 모두 거래가 가능하지만, IRP 계좌는 제한되는 것이 더 많다는 것도 놓쳐서 안 되는 유의사항입니다. 레버리지와 인버스 ETF 및 달러, 금, 은 등 증권 이외에 기초 자산인 원자재나 통화 등의 합성 ETF 등의 거래도 제한되어 있습니다. IRP 계좌로 매매 가능한 ETF는 HTS에서 쉽게 확인할 수 있습니다. 또 퇴직연금 ETF는 장중에만 매매할 수 있고 매수/매도/취소 주문만 가능하다는 것도 일반 ETF 거래와 다른 점입니다.

IRP를 비롯한 퇴직연금 자체가 은퇴 이후 개인의 안정적인 삶을 위한 것에서 출발한 것이기 때문에 고위험 상품에는 투자할 수 없도록 설계되어 있는 것입니다. ETF 투자가 어느 정도 익숙해졌다면 IRP와 일반 증권계를 동시에 운용해 더욱 전략적인 투자를 진행할 수 있습니다.

앞선 이유들로 분산 투자가 강점인 ETF와 세제 혜택이 있는 IRP를 활용해 은퇴 이후의 노후를 대비하는 것을 노후 대비의 1순위 방법으로 추천합니다. 특히 퇴직이 멀지 않은 40~50대들 중 아직 ETF 투자를 시작하지 않았다면 퇴직연금 계좌를 활용해 ETF 투자를 시작할 것을 꼭 권하고 싶습니다.

07

자녀를 위한 ETF 투자 전략

#우리 아이와의 행복한 미래를 위해 투자 전략 세우려면?
#결혼과 동시에 투자 계획 차근차근 세우기
#투자금 산정하는 법부터 청산 전략까지

자녀 양육과 교육에 필요한 돈을 투자 수익을 통해 마련해보면 어떨까요? 우선 자녀 한 명을 키우는 데 들어가는 돈을 계산해보겠습니다.

NH투자증권 100세시대연구소가 한국보건사회연구원의 2012년 가족보건복지실태조사 결과를 토대로 추산한 2017년 양육비에 따르면, 자녀 한 명당 대학 졸업 때까지 들어가는 양육비가 4억 원에 육박하는 것으로 나타났습니다.

자녀 결혼자금을 고려하면 여기에 5,500만 원이 추가되고, 85세까지 부부 노후 생활자금을 월 150만 원으로 설정하면 추가로 4억 원이 필요합니다. 자녀 1명을 둔 3인 가족을 기준으로 자녀 1인의 양육·교육비와 부부의 노후 생활비까지 추산해보면 총 7억 1,000만 원이 필요한 것으로 조사됐습니다. 여기에 자녀가 한 명 더 있다면 양육·교육비 3억 원이 늘어납니다.

많은 부모가 노후 준비를 제대로 못 하는 이유는 자녀 교육을 노후 준비보다 우선한 결과인 셈입니다. 첫 출산까지 24개월이 걸린다면 2,466만 원을 만들기 위해 매달 100만 원씩 모아가야 합니다. 여기에 더해 그다음 시기인 유아기에 들어가는 양육·교육비도 모아가야 하죠.

24개월 동안 매달 80만 원씩 모은다고 가정하면 원금 1,920만 원에 수익률 20%를 적용해볼 수 있습니다. ETF는 시장이 도와주고 독자의 투자 노력이 들어가면 연 10%의 목표수익률도 가능합니다.

물론 시기별 목적자금이 한꺼번에 지출되는 것은 아닙니다. 영아기에 필요한 양육비 2,466만 원을 3년으로 나누면 1년에 평균 822만 원, 한 달에 68만 원 정도가 마련되어야 합니다. 초등학교 6년 동안 6,300만 원이 필요하다는 것은 한 달에 80만 원 정도가 양육·교육비로 든다는 의미입니다.

고등학교까지 1억 5,800만 원이 필요한데, 재테크를 하지 않고 은행만 쫓아다녀서는 해결되지 않을 것입니다. 자녀가 17세가 되기까지 17년 동안 모으면 되는데, 실생활에서는 중간중간에 지출해버리기 쉽기 때문입니다.

결혼과 동시에 자녀를 위한 시기별 목적자금 준비해야

자녀 교육과 양육에 필요한 비용은 각 시기별로 목적자금과 기간이 명확하기 때문에 자녀를 위한 ETF 투자 전략도 그에 맞춰 명확하게 준비할 수 있습니다. 이제 결혼생활을 막 시작한 신혼부부라면 결혼과 동시에 투자 전략에 맞춰 양육·교육비를 준비해야 합니다. 이후에는 자녀의 성장에 따라

영아기, 유아기, 초등학교, 중학교, 고등학교 등 시기별로 목적자금이 각각 필요하므로 이를 고려한 투자 포트폴리오를 설계해야 합니다.

보통 결혼을 하면 임신 계획과 함께 2~3년간의 재테크 계획을 세웁니다. 이때 3년 이내에 임신을 준비하고 출산까지 한다면, 이 기간이 첫 번째 투자 기간이라고 볼 수 있습니다. 또, 이 시기가 부부가 돈을 가장 잘 모을 수 있는 시기이고, ETF 투자 계획을 세우기 가장 좋은 때이기도 합니다.

목적자금을 마련해가려면 맞벌이든 외벌이든 소득이 우상향해야 현실적으로 목표치를 달성할 수 있을 것입니다. 신혼 때는 보통 맞벌이를 많이 하지만, 임신을 하면 외벌이 가정이 될 수 있습니다. 배우자가 당장 회사를 그만두지 않고 육아휴직을 하더라도 그전보다 소득이 대폭 줄어드는데, 소득보다 지출이 많아지는 상황이 생기는 것입니다. 그렇다면 적립식으로 투자하던 것도 똑같은 규모로 적립해가기 어려워질 수 있습니다. 그럼 이러한 신혼부부들은 어떻게 투자 전략을 짜야 할까요?

신혼부부는 얼마를 투자해야 할까?

각 연봉 2,800~3,000만 원인 맞벌이 부부를 예로 들어보겠습니다. 4대 보험을 제외하고 실수령액이 월 500만 원 정도 된다고 할 때, 실수령액 500만 원에 대한 재무설계와 ETF 투자를 통한 재테크 방법을 모색해봅시다.

500만 원의 60%인 300만 원은 고정 지출로 잡고 나머지 200만 원을 3년 동안 매달 모은 7,200만 원을 ETF 투자자금으로 잘 활용해야 합니다. '100 빼기(-) 나이' 법칙을 30세에 적용해 3년 수입 7,200만 원의 70%인 5,000만 원을 ETF 투자자금으로 산정합니다. 나머지 30%인 2,200만 원은 청약저축과 실비보험, 태아보험 등에 배분합니다.

5,000만 원이 목돈으로 들어오는 것이 아니라 월급으로 들어오기 때문에 다시 36개월로 나누면 한 달에 138만 원의 투자 여력이 있는 것입니다.

월 138만 원의 투자금으로 자녀 양육·교육비(영아기 3년 × 70만 원/월), 부부의 노후 생활비를 포함해 주택자금 등 목적자금별 투자를 해야 합니다. 투자 방식은 앞선 신입사원, 자영업자, 은퇴자의 경우와 모두 비슷합니다. 중요한 것은 각 가정과 개인의 목적에 맞게 투자 계획을 세워가는 것입니다.

월 단위 정액적립식 분할매수

은행 적금으로 한 달에 78만 원씩 3년 동안 납입한다고 해도 15.4% 이자소득세를 내고 나면 실질 이율이 1.5% 정도밖에 되지 않습니다. 사실 집안 금고에 그냥 넣어두는 것과 큰 차이가 없죠. 또한 은행에 맡기는 것은 물가 상승률을 따져보면 마이너스 금리일 뿐입니다.

반드시 대체 투자처를 찾아야 합니다. KODEX 200 ETF는 상장 이래로 꾸준한 상승을 보여왔기 때문에 정액적립식 분할매수를 하고 장기적으로 투자하면 개인 투자자도 무조건 이길 수 있습니다. 중간중간 상승, 하락, 횡보 구간이 있었지만 20년 주기의 큰 흐름은 모두 상승하고 있습니다.

과거 데이터를 보면 ETF에 투자는 장기적으로 늘 옳은 선택이었습니다. 하락장만 잘 대응하면 됩니다. 하락장에 손실을 줄이는 것이 중요하므로 상승장에 수익이 다소 줄더라도 횡보장에 수익과 손실을 줄이는 안전한 투자 전략을 선택해야 합니다.

자녀의 진학과 결혼은 몇 년 뒤에 할 것인지 기간이 어느 정도 정해져 있기 때문에 내가 언제 이 자금을 쓸 것인지 정하고 투자 규모와 기간만 결정하면 됩니다. 3년 후에 1,000만 원이 필요하다고 해봅시다. 물론 3년 후 시장이 어떨지 분석할 수 있는 능력이 있으면 금상첨화겠죠? 그런데 그런 능력이

도표 53 KODEX 200 월봉(2003~2021년)

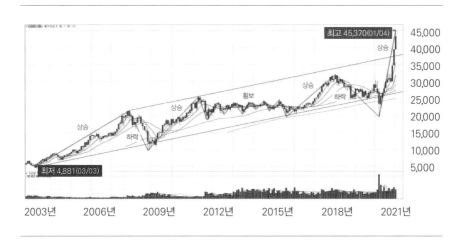

없다면 분산투자와 분할투자를 하면 됩니다.

단, 목적자금을 마련하는 데에는 시간이 필요하고 기간이 한정돼 있다는 것을 자각해야 합니다. 그리고 돈을 벌 수 있는 기간도 생각보다 길지 않음을 명심하세요. 3년 후에 2,000만 원이라는 목돈이 필요하다면 한 달에 55만 원씩 저축하면 되는데, 한 달 기대수익을 5~10% 혹은 10~20%로 잡으면 목돈 마련 기간을 단축할 수 있습니다. 36개월이 아니라 30개월만 투자해도 그 목적자금이 만들어질 수 있는 것입니다.

한편 자녀의 양육·교육비는 한꺼번에 목돈을 빼는 것이 아니라 한 달에 한 번 필요 자금을 빼서 쓰는 것이므로 ETF 투자로 목적자금을 운용하기에 상당히 유리합니다.

수익률 평가 50% 청산 전략, 수익은 목적자금으로 적립

여러 가지 목적자금들이 필요하기 때문에 보통 개인 투자자들은 이런 방식을 쓰기도 합니다. 매달 국내 ETF에도 20만 원씩 투자하고, 미국 ETF에도 20만 원씩 투자하고, 중국 ETF에도 20만 원씩 투자했다가 수익이 나는 ETF를 먼저 청산을 해서 필요한 목적자금으로 사용하는 방법입니다.

하지만 이렇게 청산을 하면 수익이 나지 않은 종목들은 계속 버티기가 되고 그냥 놔두면 더 하락할 가능성도 일어납니다. 재투자할 기회도 없어지는 겁니다. 반면 수익이 난 종목은 더 큰 수익이 날 수 있는 기회를 잃습니다.

앞서 제시한 50% 청산 전략처럼 내가 투자를 시작한 시점이 1월 1일이면 12월 31일의 변동성, 즉 저점과 고점의 변동 폭이 나의 목표수익률, 즉 청산

자리가 됩니다. 수익이 1% 났는데 내 기준의 목표수익률 변동 폭이 11%라면 11% 수익이 날 때까지 투자를 계속 유지하면 됩니다. 청산 유형에 따라 두 가지 경우를 살펴보겠습니다.

A의 경우: 50만 원씩 12개월 투자했다면 원금이 600만 원입니다. 6개월차에 원금이 300만 원이 되었을 때 11% 목표수익률에 도달했다면 원금과 수익금은 333만 원이 되는데, 이때 50%인 167만 원만 청산합니다.

B의 경우: 만약 수익률을 따져보았을 때 목표수익률인 11%가 안 되고 7~8%에 머무는 동안 매달 50만 원을 추가로 투자했다면 12개월차에 원금이 600만 원이 될 것입니다. 6개월차가 아닌 12개월차에 목표수익률 11%에 도달했다면 원금과 수익금이 666만 원이 됩니다.

A와 B, 두 청산 사례를 비교해보면 6개월차 수익금은 33만 원인데 12개월차에는 수익금이 66만 원이 되어서 2배 차이가 납니다. 보통 개인 투자자처럼 청산하면 수익만 남기고 팔 경우 추가 수익을 얻을 수 있는 기회를 놓치게 됩니다. 과거 기간에 벌어진 내 손익률을 보고 그것을 목표수익률로 잡는 원칙을 세워야 합니다.

물론 저점과 고점 변동 폭을 계산하니 11%여서 목표수익률을 11%로 잡았는데 실제 수익률이 10%까지 갔다가 빠지면 엇박자가 날 수도 있습니다. 하지만 청산 원칙을 어기기 시작하면 제대로 된 재테크가 안 되고 계속 내 원칙이 깨지기 시작합니다. 장기적으로 보면 원칙을 세워서 밀어붙이는 것이 좋습니다.

다만 시장이 안 좋을 때는 내가 10% 수익이 났을 때 청산했어야 한다는 것을 독자들도 알 수 있도록 기술적 분석을 계속 공부해나가는 것이 중요합니다.

50% 청산 전략으로 수익을 얻으면 CMA에 넣고 CMA에서 필요한 목적 자금을 사용합니다. 단 120만 원 수익금이 CMA에 들어갔다면 다시 12개월로 나누어 10만 원씩을 기존 투자금 50만 원에 보태서 더 투자할 수도 있습니다.

수익을 실현해서 CMA에 넣어두면 시장 변동성에 영향을 받지 않고 수익금을 모아갈 수 있습니다. CMA에 모인 금액과 ETF에 투자된 금액의 현재가를 합친 것이 형성된 목적자금의 총액입니다.

이런 방식으로 적금 대신 ETF를 통한 목적자금 형성이 가능해집니다. 한 달에 100만 원을 적금하려고 한다면 그 100만 원을 CMA에 넣는 것입니다. 그리고 시장에 양봉이 나올 때마다(상승할 때마다) 투자하면 됩니다(보통의 개인 투자자들은 음봉이 나올 때마다 투자하고 싶어 합니다. 그렇지만 시장이 하락할 때 저점을 잡으려고 하면 더욱 지하로 빠집니다. 반면 외국인들은 시장이 상승할 때 들어가서 계속 상승하면서 수익을 냅니다).

08

당신이 그때
ETF를 선택했더라면?

#데이터는 답을 알고 있다
#거치식으로 한번에? 정액적립식으로 나눠서? 수익률 차이는?
#실제 투자금 사례로 전략 비교해보기

데이터 분석을 통한 ETF 투자 프리뷰

지난 데이터를 보면 우리가 앞으로 가야 할 길을 알 수 있습니다. 과거의 데이터를 기반으로 투자 전략을 케이스별로 측정해볼 수 있기 때문입니다. 이번 챕터에서는 과거 데이터를 찬찬히 살펴보며 거치식 투자와 정액적립식 투자로 각기 기간을 두고 투자했을 때 어떤 결과가 나오는지 살펴보도록 하겠습니다.

다우존스 산업평균지수(이하 '다우 지수')를 먼저 살펴볼까요? 다우 지수는 미국 경제를 대변하는 대표적 지수 중 하나로, 우리나라뿐 아니라 세계

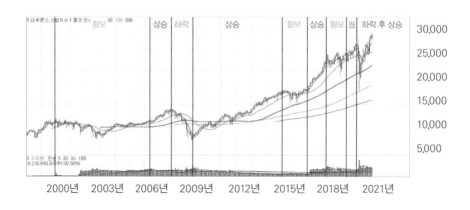

경제와 주식시장에 큰 영향을 미치는 지수입니다. 2000년 이후 경제 흐름을 간단히 짚어보면 2000년부터 2005년까지 6년 동안 시장은 횡보, 이후 2006년에서 2007년 사이 2년은 상승, 2008년에서 2009년까지 다시 하락, 이후 2009년부터 2014년까지 6년 동안 상승, 2015년과 2016년 2년은 횡보, 2017년 이후 계속 상승하다가 2020년 봄 코로나19가 불러온 팬데믹 위기로 하락했다가 이후 다시 상승하고 있습니다.

　이와 같이 시장은 횡보와 상승, 하락이 반복됩니다. 횡보장에서는 시장의 방향성을 분석할 수 있는 전문가가 아니라면 개인 투자자는 거치식 투자가 나을지, 정액적립식 투자가 나을지 판단하기가 무척 어렵습니다. 개인 투자자는 시장의 방향성이 결정된 다음에야 거치식이 나았는지, 정액적립식이 나았는지 알 수 있죠. 횡보장에서 개인 투자자가 거치식 투자와 정액적립식 투자 방식 가운데 하나를 결정해야 한다면, 저는 정액적립식이 더 나은 투자 방법이라고 생각합니다.

상승장에서는 거치식이 이길 수밖에 없습니다. 특히 상승장 초입에 거치식으로 투자를 시작했다면 분할로 투자를 하는 투자자보다 수익률이 높을 것입니다. 그러나 전문가 수준이 아니라면 시장의 방향성을 분석하기 어려운 것이 현실입니다. 2013년 노벨 경제학상 수상자인 유진 파머 교수는 '전문가라 할지라도, 또한 미래의 가치에 대한 데이터가 있어도 시장을 정확하게 분석할 수 없다'고 주장한 바 있습니다. 그렇다면 상승장에서도 분할매수를 하는 것이 적절한 투자 방식이 될 수 있습니다.

하락장이라면, 거치식은 손실을 크게 보지만 정액적립식으로 분할매수 원칙을 지켰다면 손실을 제한시킬 수 있을 것입니다.

도표 54 의 장기 데이터를 보면 전체적으로는 흐름이 우상향하고 있다는 것을 알 수 있습니다. 이기는 투자를 하기 위해선 횡보, 상승, 하락장 중에 상승장이 더 많다는 것을 믿고 장기 투자를 하는 것이 맞습니다. 하지만 나의 투자 시점이 횡보장 초반인지, 상승장 초반인지, 하락장 초반인지 모르기 때문에 안전하게 투자하기 위해서는 정액적립식 분할매수가 핵심입니다. 이 점을 먼저 강조하면서 거치식과 정액적립식 투자 방식에 대해 알아보겠습니다.

거치식과 정액적립식 투자 수익률 비교(10년)

총 투자금액을 1억 2,000만 원이라 산정하고 ① 은행에 매달 100만 원씩 정기적금할 경우, ② ETF에 한꺼번에 거치식으로 투자했을 경우, ③ ETF에 매달 100만 원씩 정액적립식으로 10년간 투자했을 경우를 비교해봅시다.

은행 정기적금은 현 시장금리인 연 2.52%(2021년 1월 27일 소비자 포털 기

상품	원금	수익금	수익률
IVV(S&P500 ETF)(거치식)	120,000달러	253,231.44달러	211.02%
IVV(S&P500 ETF)(정액적립식, 매월 초 1회 매수)		97,660.96달러	81.38%
KODEX 200(거치식)	120,000,000원	81,267,600원	67.72%
KODEX 200(정액적립식, 매월 초 1회 매수)		72,237,463원	60.19%
적금(10년 만기 정기적금, 연 2.52%)		15,246,000원	12.70%

* 기간: 10년 (2011.01.03~2020.12.30), 투자금: 1억 2,000만 원
* IVV: ISHARES TRUST CORE S&P500 ETF(해외 상장 ETF)

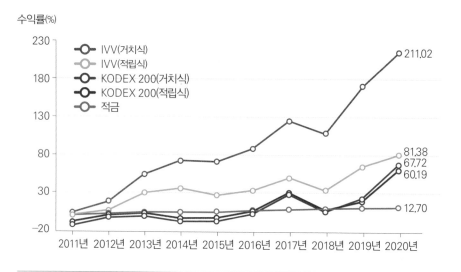

준)를 적용했고, ETF는 국내 코스피 지수를 추종하는 대표 ETF인 KODEX 200 ETF와 미국 S&P 5000 지수를 추종하는 대표 ETF인 IVV(ISHARES TRUST CORE S&P 500 ETF)를 적용했습니다.

2011년부터 2020년까지 10년 동안 각 금융상품을 거치식과 정액적립식

으로 투자한 결과는 **도표 55**와 같습니다.

2011년 1월 3일 IVV에 1억 2,000만 원을 거치식으로 투자해놓고 10년 동안 장기간 보유하고 있다면 2020년 연말까지 누적 수익률은 무려 211.02%에 달합니다. KODEX 200 역시 10년간 보유하고 있었다면 누적 수익률이 67.72%에 달합니다. 시장은 장기적으로 우상향을 한다는 걸 보여주는 투자 결과입니다.

거치식과 정액적립식 투자 수익률 비교(3년)

실제 펀드와 같은 금융상품은 투자 후 수익을 기대할 수 있는 기간을 보통 3년으로 잡습니다. 3년 정도 주기로 시장 흐름의 사이클이 바뀌고 10년 정도 주기로 큰 시장 흐름의 사이클이 변화하기 때문인데요, 3년을 주기로 시장의 흐름을 분석하고 투자 방향을 재설정하는 것이 중요합니다.

먼저 ETF가 시장에 상장했을 때 매수해 3년간 보유했을 경우를 기준으로 수익률을 비교해보겠습니다. 결과는 **도표 56**과 같습니다.

한편 앞서 설명했듯이 시장은 횡보와 상승, 하락을 반복하기 때문에 거치식 투자의 경우 진입 시점이 매우 중요합니다. 하락장에 거치식 투자로 진입했다면 시장이 회복되기 전까지 손실을 감수해야 합니다.

도표 56 3년간 3,600만 원을 투자했을 때 비교

상품	원금	수익금	수익률
KODEX 200 (정액적립식, 매월 초 1회 매수)		14,540,266원	40.38%
KODEX 200 (거치식)		9,988,284원	27.74%
TIGER 미국S&P500레버리지(합성H) (정액적립식, 매월 초 1회 매수)		9,662,945원	26.84%
TIGER 미국S&P500레버리지(합성H) (거치식)	36,000,000원	13,192,750원	36.64%
KODEX 코스닥 150 (정액적립식, 매월 초 1회 매수)		12,028,840원	33.41%
KODEX 코스닥 150 (거치식)		4,091,754원	11.36%
적금 (3년 만기 정기적금, 연 2.52%)		1,398,600원	3.88%

* 기간: 3년(2018.01.02~2020.12.30), 투자금: 3,600만 원

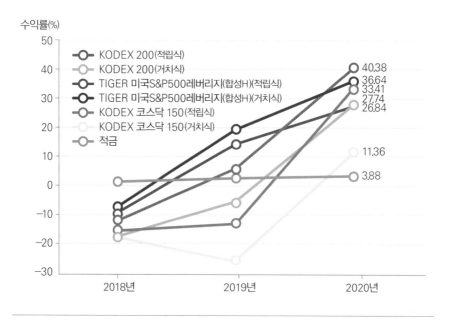

투자 실력을 키우는 MINI QUIZ ⑤

1 다음은 퇴직연금에 대해 설명한 것입니다. 올바르지 않은 정보를 고르세요.

① DB형 퇴직연금이란, '확정급여형 퇴직연금제도'를 말하며 근로자가 받을 퇴직급여의 수준이 사전에 확정된 제도이다.

② DC형 퇴직연금이란, '확정기여형 퇴직연금제도'를 말하며 사용자가 부담해야 할 부담금의 수준이 사전에 결정되어 있는 제도이다.

③ IRP계좌는 근로자 개인이 금융기관을 통해 개설할 수 있는 퇴직연금계좌로, 일반 자영업자와 공무원도 가입할 수 있다.

④ 만약 이미 DB형 또는 DC형 퇴직연금에 가입된 사람이라면 IRP 계좌를 만들 수 없다.

2 다음은 퇴직연금을 이용해 ETF 투자를 고민하고 있는 두 사람의 대화입니다. 다음의 대화 중 잘못된 정보를 알고 있는 사람의 대화를 골라보세요.

> (a) 김 과장: 박 차장님, 퇴직연금 IRP 계좌 있으시죠? 혹시 그 IRP 계좌로 ETF에 투자할 수 있다는 것 알고 계세요?
>
> (b) 박 차장: 그럼~ 개인이 퇴직연금을 가지고 여기저기 투자해서 직접 운용해볼 수 있다는 것 때문에 내가 개설했잖아.
>
> (c) 김 과장: 역시 박 차장님께선 투자라면 쫙 꿰고 계시군요! 저도 IRP 계좌에 납입하면 세액공제 혜택도 있다고 해서 개설해볼까 고민 중이에요. 그런데 차장님께선 혹시 IRP 계좌로 어디어디 투자하고 계세요?
>
> (d) 박 차장: 나 같은 경우는 이번에 KODEX 코스닥 150이랑 KODEX 레버리지 ETF를 약간 사들였지.
>
> (e) 김 과장: 아 그러시군요! 저도 조금 알아봤는데, 퇴직연금 계좌로 ETF 투자를 하면 장중에만 매매를 할 수 있다고 해서 고민이에요. 아무래도 일과 시간이다 보니, 꼼꼼히 따져볼 여유가 없을 것 같아서 말이에요.
>
> (f) 박 차장: 김 과장이 요즘 회사 일로 참 바쁜 시기이니 그럴 수 있겠구먼. 그런데 IRP계좌를 운용하면 나중에 과세 이연 효과도 누릴 수 있으니 잘 생각해보시게!

① (a)　　② (b)　　③ (c)　　④ (d)　　⑤ (e)　　⑥ (f)

※ 정답은 310쪽에서 확인할 수 있습니다.

Lesson 6

ETF
투자 업그레이드

이번 레슨에서는 여러분들의 투자 스킬을 높일 수 있는 추가적인 투자 팁에 대해 이야기하고자 합니다. 우선 이동평균선, 추세선 등 투자지표를 활용하여 시장의 흐름을 유추하는 법에 대해 알아보았습니다. 더불어 해외 대표 ETF에 대해서도 다시 한 번 짚어보았고, 커버드콜 ETF와 버퍼 ETF 같은 파생 ETF 상품에 대해서도 알아보았습니다. 이러한 ETF들로 포트폴리오를 현명하게 운용하다 보면 수익은 높이고 손실 위험은 경감시킬 수 있을 것입니다. 그리고 끝으로 포스트 코로나 시대의 ETF 투자 전략에 대해 알아보았습니다. 어떠한 위험 앞에서도 자신만의 투자 원칙을 고수한다면 이기는 투자를 할 수 있음을 잊지 마세요!

01

수익률 극대화를 위한 매매 팁

#시장의 흐름을 읽을 수 있는 선을 그어보자!
#이동평균선, 추세선, 스토캐스틱 지표를 활용하려면?
#기술분석 전문가로 거듭날 수 있는 차트 분석법

이동평균선 활용

수익률을 극대화하기 위해 HTS에서 활용할 수 있는 **이동평균선**에 대해 설명해보겠습니다.

이동평균(Moving Average)은 일정 기간의 수치를 평균한 것으로 약칭으로 이평(MA)이라고 합니다. 변화무쌍한 주가의 흐름을 객관적으로 관찰할 수 있도록 평균가격으로 계산해 연결한 선으로 투자자들의 평균적인 합의가 반영되었다고 볼 수 있습니다. 이동평균선은 주가와 거래량을 바탕으로 산출합니다. 이동평균선에서 기본 세팅으로 돼 있는 종가 기준이 아닌, 고가와 저가 기준으로 설정해 활용하면 매수와 매도 타점을 찾을 수 있습니다.

• 주가 이동평균

일정한 기간 동안의 주가를 평균한 가격입니다. 평균 주가 산출 기간에 따라 200일, 120일, 60일, 20일, 10일, 5일 선 등으로 세분화됩니다. 예를 들어, 5일 이평은 오늘을 포함해 최근 5일간의 주가 평균을 의미합니다.

주가 이동평균선은 5일, 10일, 20일, 60일, 120일, 200일 등 기간별로 세분화되어 있습니다. 중장기 투자를 하는 투자자는 20일, 60일, 120일, 200일 선을 주로 활용하고 단기 매매를 하는 투자자는 20일, 10일, 5일, 30분선을 주로 활용합니다.

• 경기선 – 200일선과 120일선

200일선과 120일선은 경기선입니다. 경기 사이클과 유사하게 움직이며 경제를 반영하는 거울과 같습니다. 경기가 호황일수록 상승하며 불황일수록 하락하는 경향을 보입니다. 시장 대세를 파악하려면 월봉과 주봉으로 판단하는 것이 원칙입니다. 일봉으로 시장 대세를 판단하려면 120일선과 200일선을 보고 판단합니다. 보통 중장기 투자 판단에 활용합니다.

• 수급선 – 60일선

60일선의 방향을 결정하는 것은 수급 요인이 가장 크다고 볼 수 있습니다. 시장 대세가 일정한 방향의 추세를 보이더라도 중기적으로 보면 끊임없는 등락을 반복합니다. 시장에 자금이 유입되는지, 이탈하는지에 따라 중기선인 60일선이 움직입니다.

• 심리선 – 20일선

20일선은 주로 투자자의 심리에 따라 움직인다고 해서 '심리선'이라고 합니다. 투자자들은 주가가 오르면 매도하고 싶은 욕망이 생기고, 어느 정도 떨어지면 매수하고 싶은 욕구가 발동합니다. 주가가 상승할 때는 20일선을 하락 이탈하는 경우가 드뭅니다. 반대로 하락 추세에 있을 때는 20일선을 상향 돌파하기가 힘듭니다. 이와 같은 이유로 20일선을 각종 보조지표에서 기준선으로 삼고 있습니다.

• 단기매매선 – 10일선과 5일선

10일선과 5일선은 단기 매매, 특히 선물과 옵션 같은 파생상품 거래 시 많이 활용합니다. 주가는 돌발 이벤트가 발생했을 때뿐만 아니라 별 이유 없이도 등락을 반복합니다. 주가가 강세일 때는 10일선 위에서 10일선 하방 이탈 없이 5일선 위에서 상승하는 경향이 있습니다. 주가가 약세일 때는 역배열 상태에서 10일선을 상향 돌파하지 못하고 5일선 밑에서 하락을 지속합니다.

이동평균선을 통한 매매 전략

만약 20일 이동평균선이 상승 추세에 있고 5일선과 주가가 그 위에 있으면 상승 추세로 볼 수 있습니다. 매수하되, 매도는 유보합니다. 주가가 5일선과 20일선을 차례로 깨고 내려오면 하향 추세로 전환되었다고 보고 매도합니다. 나아가 60일선을 하향 돌파하면 대세가 하락으로 전환되었다고 봅니다.

20일 이동평균선이 하락 추세에 있고 5일선과 주가가 그 아래에 있으면 하락 추세로 봅니다. 하락 추세일 때는 매도하되, 매수는 보류합니다. 주가가 5일선과 20일선을 차례로 상향 돌파하면 상승 추세로 전환되었다고 보고 매수합니다. 60일선을 상향 돌파하면 대세가 상승으로 전환되었다고 보면 됩니다.

ETF는 개별 종목의 그래프 예측보다 지수 그래프 예측이 보기도 쉽고 적정률도 높습니다. 주가가 기존 추세를 전환할 경우 지수가 개별 주식보다 방향 전환 횟수가 적은 대신, 추세 전환을 할 때는 더욱 크고 완만하게 추세를 바꾸기 때문에 추세 전환을 파악하기 쉽습니다.

추세선이나 이동평균선을 이용해 1년에 1~2회, 많으면 3~4회 매매하는 것은 무방하지만 지나치게 회전율이 높으면 주의해야 합니다.

그래프를 활용할 때는 한 종목의 ETF에 집중해야 합니다. 매도 신호가 나와서 현금화했다면 다시 매수 신호가 나올 때까지 현금을 보유하고 기다리는 것이 좋습니다. ETF는 주가가 순자산가치와 이론가격을 크게 벗어나지 않는 범위 내에서 형성됩니다. 대체로 배당부시세일 때는 기준가보다 높고 배당락 이후에는 기준가 이하에서 형성됩니다.

이동평균선 활용 실제

코스피 지수의 월봉 차트를 예시로 들어보겠습니다. 가장 먼저 이동평균선을 넣어봅시다. **도표 57** 처럼 HTS의 '차트'에서 '기술적 지표-가격지표-가

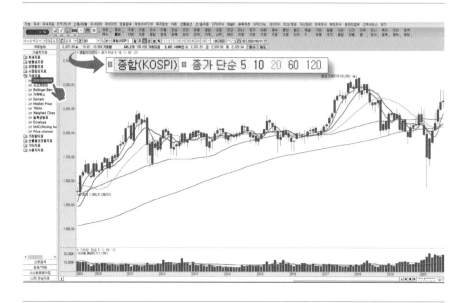

격이동평균'으로 들어가 가격이동평균선을 클릭해 넣습니다. 가격이동평균

선을 이때 2개 넣을 건데요, 두 번 누르면 2개가 들어갑니다.

가격이동평균을 2개 넣으면 기본 설정값으로 '종가 단순'으로 두 번 뜹니

다. 차트창 왼쪽 상단에 보면 이 같이 떠 있는 것을 볼 수 있는데요, 이때 글

자 위에 커서를 놓고 두 번 클릭하면 '지표 설정' 대화창이 뜹니다. 그럼 가

격창에서 '종가'를 '고가'로 바꿉니다. 다시 빠져 나가서 두 번째 '종가'는 '저

가'로 변경합니다.

이렇게 설정한 이동평균선으로 시장의 흐름을 어떻게 읽으면 좋을까요?

이동평균선이 반영된 월봉 차트를 보면 120월 이동평균선이 시장을 지

지하는 모습을 보입니다. 2019년 8월까지 지지하다가 코로나19가 번진

2020년 2~3월에 2008년 10월 1일 892를 저점으로 지켰던 지지 라인을 강하게 깨고 내려가는 모습이 보이기 시작했습니다. 그런데 시장이 정배열로 진행하다 보니 코로나19로 인해 급한 하락이 나왔음에도 시장은 저점 대비 강한 모습을 보였다고 분석할 수 있습니다.

이동평균선을 고가와 저가로 나누어 보았을 때 시각적으로 시장이 아직은 강하다는 점을 확인할 수 있습니다. 강세장에서는 캔들이 월봉의 고가와 저가의 이동평균선을 하나씩 돌파하는 모습을 보입니다. 코로나19 확산 이후 2020년 3월에 저점을 찍고 시장이 이동평균선을 살리는 모습 또한 나오기 시작했는데요, 5월 이동평균선과 12월 이동평균선이 먼저 흐름을 보였습니다.

그럼 이제 주봉 차트에도 이동평균선을 넣어볼까요?

　　주봉 차트 역시 같은 방식으로 이동평균선을 설정합니다. '기술적 지표-가격지표-가격이동평균'을 2개 넣습니다. 그리고 마찬가지로 '종가 단순'이 기본 설정된 것을 '고가 단순'과 '저가 단순'으로 변경합니다. 이렇게 하고 나면, 이동평균선이 반영된 주봉 차트는 월봉 차트에 비해 더 민감하게 움직인다는 것을 시각적으로 확인할 수 있습니다. 코로나19 확산 이후 급격한 하락 때 120주 이동평균선 고가의 저항을 막고 5주 이동평균선이 급격히 하락하는 모습이 나타나는 것을 볼 수 있습니다. 그리고 5주 이동평균선 고가 단순과 저가 단순이 2020년 4월 무렵에 시장을 돌리는 모습도 보입니다.

일봉 차트도 같은 방식으로 이동평균선을 설정할 수 있습니다. 일봉 차트는 특히 중요합니다. 앞에서 월봉과 주봉 차트에 이동평균선을 적용해보았지만, 일봉 차트의 이동평균선을 잘 분석한 뒤 고가와 저가의 차이를 이해한다면 시장을 효과적으로 예측하는 데 큰 도움을 받을 수 있기 때문입니다.

이동평균선을 통해 저점도 조심스럽게 예상할 수 있습니다.

예시로 보자면, 차트를 분석하던 10월 첫째 주 시점에서 시장은 2327을 기준으로 횡보하는 모습이었습니다. 시장의 하락은 고가 단순 2187과 저가 단순 2147을 1차 지지선으로 삼고 있습니다. 여기서 시장이 더 하락한다면 저가 단순과 고가 단순을 이은 추세인 2055 정도라고 추측하는 것입니다. 물론 예측을 벗어나기도 하지만, 확률을 높인다는 점에서 효과적입니다. 그전 지지선은 2297과 2326 사이에서 나타났습니다.

2020년 9월 22일 5일 이동평균선이 꺾이기 시작하는 모습입니다. 이때 12일 이동평균선과 20일 이동평균선의 데드 크로스가 일어납니다. 그런데 60일 이동평균선이 올라가는 모습도 나타납니다. 60일 이동평균선이 올라가기에 캔들은 60일 이동평균선을 완전히 깨고 내려가지 못하고 버티며 시장을 긍정적으로 이끌었습니다.

2020년 8월 중순처럼 5일, 10일, 20일, 60일 이동평균선이 동시에 우상향하는 모습이 만들어질 때 주가 상승이 나타납니다. 이런 흐름으로 고가 단순과 저가 단순 이동평균선이 바뀌기 이전까지는 시장이 횡보나 하락으로 예측하는 것이 합리적입니다. 하락한다면 120일 이동평균선 고가 단순과

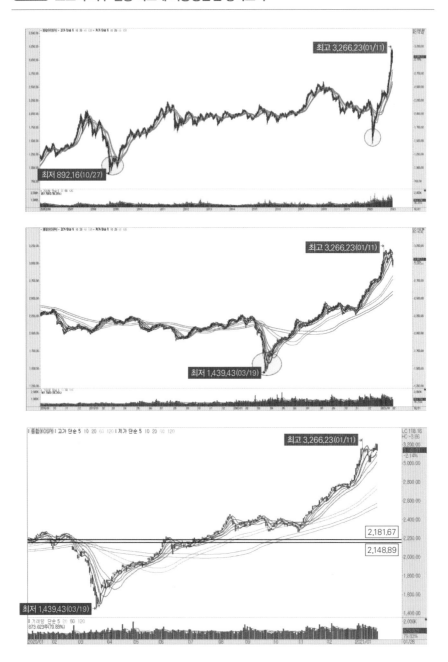

저가 단순인 2148과 2181 사이에 저점이 될 가능성이 큽니다.

그러나 기술적으로 그 자리가 보인다고 하더라도 실제로 오지 않는 경우가 있습니다. 그게 바로 경우의 수이며 확률인데요, 코스피 지수는 도표 **도표 60-2** 와 같이 2,266.93포인트에 저점을 형성하고 상승하였습니다. 이러한 점 때문에 기술적 분석 이후에 실전 매매에서는 분할매매로 비중 관리를 하며 투자를 해야 합니다.

추세선 활용

투자 종목마다 시세가 일정한 방향으로 움직이는 경향이 있는데, 이를 추세라고 합니다. 추세선은 이 추세의 고점과 고점, 저점과 저점을 연결한 선을 말합니다. 추세선은 간단한 지표이지만 내포하고 있는 의미가 매우 중요합니다. 고점과 고점, 저점과 저점, 고점과 저점을 이어보면서 추세선에서 평행이 되는 선이 발견되면 놓치지 말고 활용하기 바랍니다.

추세선에는 '지지선'과 '저항선'이 있습니다. 지지선이란 주가가 상승할 때 저점과 저점을 연결한 상향 직선이고 저항선은 주가가 하락할 때 고점과 고점을 연결한 하향 직선입니다.

주가가 저항선을 상향 돌파하면 매수하고, 주가가 지지선을 하향 돌파하면 매도하는 게 좋습니다. 상승 추세일 때는 매수 관점에서 그래프를 보고 하락 추세일 때는 매도 관점에서 그래프를 봅니다.

상승 파동은 N자형으로 상승(1파), 하락조정(2파), 상승(3파)로 움직이는 것이 기본 형태입니다. 상승파인 1파·3파는 폭이 크고 긴 반면, 조정파인

2파는 작고 완만합니다. 주가가 상승 파동을 그릴 때는 매도를 자제하고 조정 때마다 매수하는 것이 좋습니다. 하락 파동은 역N자형으로 하락(1파), 반등(2파), 하락(3파)으로 움직이는 것이 기본적인 형태입니다. 하락파인 1파·3파는 폭이 크고 긴 반면, 흔히 자율 반등이라는 2파는 작고 완만합니다. 따라서 주가가 하락 파동을 그릴 때는 매수는 보류하고 반등 때마다 매도하는 것이 좋습니다.

지지 저항

지지 저항에 설명하기 앞서 예를 하나 들어보겠습니다.

내가 단골로 가는 카페에서 2,000원 하던 커피가 3,000원이 되면 비싸다고 생각하기 마련입니다. 곧 할인 행사가 열려 2,500원이 되면 과거 2,000원보다는 비싸지만 3,000원보다 싸기 때문에 2,500원 할인가에 커피를 구입할 겁니다. 다시 2,000원으로 가격이 내려가기 힘들다는 생각에 3,000원보다 싼 할인가가 싸게 살 기회라고 판단하는 것입니다.

이렇듯 커피의 본질적 가치, 즉 커피 원가와 인건비, 가게 운영비로 결정되는 커피의 진짜 소비자 가격을 분석하는 것이 아니라 과거 가격과 현재 가격만 비교해서 적정한 가격을 판단하기 때문에 지지와 저항이 발생합니다.

시장에서 하락 추세에 매수한 투자자들은 추세가 전환되어 상승 추세가 되었을 때 원금 회수 혹은 수익 실현을 위해 매도하려고 합니다. 이러한 수급에 대한 압박은 하나의 저항이 됩니다. 반면 투자자들은 상품의 본질적인 가치를 명확하게 알 수 없기 때문에 시장에서 현재 가격을 과거 가격과 비교해 상품 가치를 판단합니다. 이러한 인지적 편향은 지지로 작용하고요.

2017년 초 전고점을 돌파하는 자리는 2018년 말에서 2019년 초에는 지지선이 되었습니다. 이전에는 지지선이었지만 추후 하락하고 재상승할 때에는 강력한 저항선으로 작용하기도 합니다. 지지 저항 자리를 잘 확인했다가 매매에 활용하기 바랍니다.

추세선 활용 실제

앞서 월봉, 주봉, 일봉 차트에 이동평균선을 적용하여 기술적 분석을 하는 방법을 연습했습니다. 이번에는 여기에 추세선을 그어서 더 정교한 분석을 시도해봅시다.

도표 61-1 은 2020년 10월 5일 기준 코스피 지수 월봉 차트입니다. 먼저 이야기했듯 추세선은 차트상의 고점과 고점, 저점과 저점을 연결하여 그은 선이라고 이해하면 됩니다. 각 기간에서 캔들의 고점과 고점, 저점과 저점을 연결하여 추세선을 그려보았습니다.

월봉에서 2011년 5월 2일 고점과 2018년 1월 2일의 고점을 연결한 추세선을 그려보니, 코스피 지수는 2787 수준까지 열려 있는 상태임을 확인할 수 있습니다. 추세적으로는 코스피 지수가 앞으로 2700~2800포인트까지 상승 가능성이 있다는 말입니다.

도표 **도표 61-2** 를 보면 2020년 1월 26일 기준 실제 코스피 지수는 2700~2800포인트에서 장대 양봉으로 상방을 돌파하였습니다. 기술적 분석으로 본 구간은 장대 양봉의 중심값 부근으로 아주 중요한 마디가 있었다

는 것을 보여주고 있습니다.

이동평균선이 반영된 주봉 차트에도 추세선을 그려봅시다. 도표
도표 62-1 을 보면 월봉 차트보다 더 상세하게 시장의 흐름을 볼 수 있음을
알 수 있습니다. 2019년 4월 15일 주봉 상단과 2020년 1월 20일 주봉 상단
을 연결한 추세선과 2019년 7월 1일 주봉 상단과 2020년 1월 20일 주봉 상

단을 연결한 추세선을 보면 그 사이에서 지지와 저항을 오가며 갇힌 흐름을 갖다가 상방 또는 하방으로 터지게 될 것이라는 점도 볼 수 있습니다. 저는 이때 상방으로 터지게 될 확률을 더 크게 보고 인버스 비중을 모두 청산하는 것으로 시황을 한 적이 있습니다.

도표 **도표 62-2**를 보면 2020년 1월 26일 기준 실제 코스피 지수는 2700~2800포인트에서 잠시 머무르다가 상방 돌파를 하게 되는데요. 이

또한 추세선에 걸리는 부분이라는 것을 기술적 분석으로 미리 알 수 있습니다.

이동평균선이 반영된 일봉 차트에도 추세선을 그어봅시다. 주봉보다 더 세밀한 분석이 가능해집니다. 도표 63-1 하단 추세선을 보면 분명한 지지와 저항 구간을 찾을 수 있습니다. 도표 도표 63-2 를 보면 2021년 1월 26일 기준 실제 코스피 지수는 2266.93포인트에 저점을 형성하고 상승하였습니다. 그리고 2700~2800포인트에서 저항을 받으며 횡보한 흔적 또한 볼 수 있을 것입니다. 이를 통해 다음 주의 전망 등 단기적 예측을 시도할 수 있습니다. 시장이 반드시 추세선을 따라 움직이지는 않습니다. 지지와 저항 지점을 대략 파악함으로써 판단의 확률을 높이는 도구라고 생각하면 됩니다. 하지만 추세선을 그리는 연습을 해보면 시장이 신비롭게 움직인다는 느낌을 갖게 될 것입니다.

스토캐스틱 지표 활용

스토캐스틱 슬로우(Stochastics Slow)는 1950년대에 주식 중개업에 종사했던 조지 레인(George Lane, 1921~2004년)이라는 사람이 널리 보급한 보조지표입니다. 주가를 0~100% 사이의 값으로 바꾸어 주가의 금액 변화보다는 주가의 변화 추세에 집중한 지표이며, 이동평균선 개념도 들어 있습니다. %K, %D선 두 개로 표현합니다.

Stochastics Slow(5, 3, 3), (10, 6, 6), (20, 12, 12)+(56, 32, 32의 %K선)을 활용해 파동의 쌍바닥 패턴에서 매매하는 팁이 있습니다. 이 팁에 따라 대소 파동을 확인해 매매하면 큰 수익을 기대할 수 있습니다.

스토캐스틱 슬로우의 핵심 두 가지는 (1) %K와 %D의 수치는 주가가 백분율화(0~100%)돼 있으며, (2) 이동평균선 개념으로 계산된다는 것입니다.

스토캐스틱 보조 지표 활용 실제

이동평균선과 추세선이 반영된 코스피 지수 월봉 차트 메뉴에서 스토캐스틱 지표를 넣어봅시다. 왼쪽의 '기술적 지표' 메뉴에서 '모멘텀 지표'를 눌러 그중 'Stochastics Slow'를 세 차례 선택해봅시다(또는 차트창 위에서 마우스 오른쪽 버튼을 눌러 '지표 추가'로 들어감). 지표가 추가되면 지표 제목을 더블 클릭해 지표 조건 설정으로 들어가서 수치를 입력합니다. 첫 번째는 5, 3, 3 두 번째는 10, 6, 6으로 변경합니다. 마지막은 20, 12, 12로 변경합니다.

3개의 스토캐스틱은 편의상 맨 위를 막내, 가운데를 작은형, 아래를 큰형으로 부르곤 합니다. 월봉으로 스토캐스틱을 보면 막내가 상승 추세이지만 언제든 하락할 수 있는 과열 상황입니다. 작은형은 상승 에너지가 살아 있고, 큰형도 상승 에너지를 보입니다. 즉 큰형과 작은형의 에너지가 상승 국면이므로 막내가 하락한다 하더라도 상승 여지가 있으므로 장기적 관점에서 하락 시 과감한 투자 판단을 할 수도 있습니다.

주봉 차트에서도 'Stochastics Slow'를 추가하고 지표 조건 설정에서 첫 번째 5, 3, 3 두 번째 10, 6, 6으로 변경합니다. 마지막 20, 12, 12를 각각 설정합니다. 주봉 차트의 스토캐스틱을 보면 월봉과는 달리 막내와 작은형, 큰형 모두 하락 방향을 나타내는 것을 볼 수 있습니다. 이동평균선, 추세선 모두 하락을 나타내므로 하락 흐름을 예측할 수 있습니다.

일봉도 같은 방식으로 설정해봅시다. **도표 66** 을 보면 큰형은 하락, 작은형과 막내는 상승으로 전환하는 모습입니다. 여기서 하락하면 큰형이 외바닥을 깊이 만들고 둘째형과 막내가 다중바닥을 만드는데 큰형이 하락했을 때 지수의 바닥 지점을 예측해볼 수 있습니다.

이런 방식으로 스토캐스틱을 이동평균선, 추세선과 함께 효율적으로 사용한다면 시장 예측의 정확성을 높이며 투자 성과를 높이는 데 크게 도움을 받을 수 있을 것입니다.

도표 64 코스피 지수 월봉 차트에 스토캐스틱 보조 지표 넣기

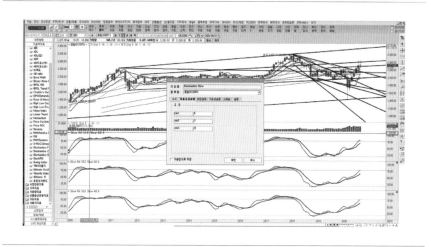

도표 65 코스피 지수 주봉 차트에 스토캐스틱 보조 지표 넣기

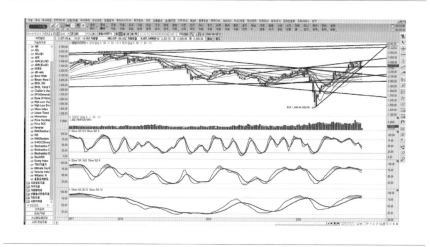

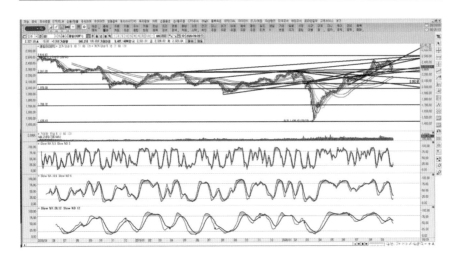

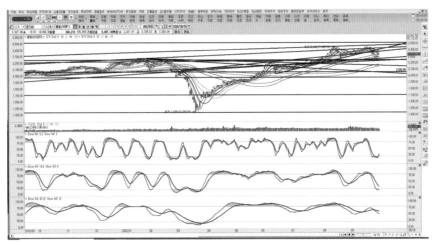

02

해외 ETF 투자, 선택이 아닌 필수

#해외 증시에 투자하고 싶다면 ETF로~
#어떤 나라에 어떤 ETF로 투자하면 좋을까?
#각국에 상장된 주요 ETF 살펴보기

글로벌 분산투자의 강력한 도구

앞에서 분산투자의 이점을 여러 차례 설명했습니다. 이 분산투자의 강점을 더욱 크게 하는 방법이 글로벌 분산투자입니다. 즉 국경을 넘어 외국에 투자하는 것입니다. 전 세계적 자본시장 개방과 금융거래 시스템의 발전으로 PC와 스마트폰만 있으면 외국에 손쉽게 투자할 수 있게 되었습니다. 특히 ETF는 투자자들에게 다양한 글로벌 투자의 길을 열어주었습니다. 해외 펀드는 운용보수가 연 2~3%나 됩니다. 거래 비용이 너무 높습니다. 그리고 시차 때문에 시세를 확인하지 못하고 거래해야 하는 단점도 있습니다. 가입과 해지 때 시차가 커 환금성이 나쁘기도 합니다. ETF는 이런 단점을 해결할 수 있는 대안이 됩니다. HTS나 MTS로 해외 상장 해외 ETF나 국내 상장 해외 ETF를 매매함으로써 국제 분산 포트폴리오를 구축할 수 있기 때문입니다.

ETF를 통해 해외에 투자하는 방법은 두 가지입니다. 첫째 국내 상장된 ETF 중에서 해외 대표지수를 추종하는 상품 등에 투자하는 방법이고, 둘째는 해외 거래소에 상장된 해외ETF를 매수하는 방법입니다. 이때는 주로 미국 증시에 상장된 ETF를 선택해야 합니다. 거래창에 들어가보면 '미국은 ETF 투자의 천국'이라는 말이 납득될 만큼 다양한 ETF가 상장되어 있는 것을 볼 수 있습니다.

국내 상장 ETF VS 해외 상장 ETF

국내 상장 ETF와 해외 상장 ETF 중에서 고를 때는 세금과 환율, 거래 비용 문제를 잘 고려해서 자신에게 가장 유리한 선택을 하는 게 좋습니다.

해외에 상장된 ETF는 세금을 매길 때 '손익통산'을 적용합니다. 이것은 손실과 이익을 종합적으로 계산하여 세금을 적용한다는 뜻입니다. 국내 상장 ETF 투자자는 처음에 3,000만 원의 수익을 내고 나중에 1,500만 원의 손실을 보았다면 수익이 났던 3,000만 원에 대해 양도소득세 15.4%를 매깁니다. 그러나 해외에 상장된 ETF에서 똑같은 손익구조라면 이익과 손실을 합쳐서 1,500만 원을 수익으로 봤다면 여기에 대한 22%의 세금을 매깁니다.

그리고 금융소득종합과세에 대해서도 고려해야 합니다. 국내에서는 이자 등 금융소득이 2,000만 원이 넘으면 여기에 대해 종합과세를 합니다. 하지만 외국 상장 ETF는 이미 낸 세금 외에 별도로 과세하지 않습니다. 금융소득종합과세 대상이 되는 고액 투자자들에게는 국내에 상장된 해외지수 관련 해외 ETF보다 해외에 상장된 해외 ETF가 세제상 유리할 수도 있습니다.

미국 ETF

미국은 ETF가 실질적으로 가장 먼저 보급되었고 가장 활성화되어 있습니다. 미국 시장에 상장된 ETF를 통해 미국뿐만 아니라 유럽과 일본 등의 선진국, 국제 원자재 시장, 중국과 인도, 베트남 등의 신흥국까지 모두 투자할 수 있죠. 그만큼 선택 가능한 ETF의 폭이 넓습니다.

인덱스펀드와 ETF의 가장 오래되고 넓게 퍼진 추적지수인 S&P 500을 비롯해, 다우존스산업평균지수, 나스닥 등을 기초지수로 삼습니다. 이런 ETF에 투자하면 미국 최고 기업들에 분산투자하는 것과 같은 효과를 거둘 수 있습니다.

미국에 상장된 ETF는 다양성과 역동성이 살아 있습니다. 레버리지 ETF의 경우 4배수까지 추적하는 상품이 있을 정도입니다. 업종이나 투자 전략에 따라서도 다양한 상품이 개발됩니다. 흥미로운 사례로, 전자상거래 산업 ETF인 CLIX(ProShares Long Online/Short Stores ETF)를 들 수 있습니다. 아마존, 알리바바 등 주로 온라인 상거래 전문 기업에 투자하는 ETF입니다. CLIX는 2020년 5월 중순까지 42%라는 경이적인 수익률로 주목을 받았습니다. 코로나19로 오프라인 상거래가 위축되고 전자상거래 산업이 급성장한 것은 자연스러워 보입니다. 그런데 대표적인 전자상거래 ETF인 IBUY(Amplify Online Retail ETF)와 ONLN(ProShares Online Retail ETF)은 같은 기간 동안 20%대 수익률에 그쳤습니다. CLIX 성장률이 독보적이었던 것입니다. 그 비결은 CLIX의 롱숏구조에 있습니다. 금융시장에서 롱(long)은 매수를, 숏(short)은 매도를 의미합니다.

전자상거래 전문 기업을 집중적으로 매수하는 IBUY와 ONLN과 달리 CLIX는 온라인 기업 매수와 오프라인 기업 매도를 동시에 구사하고 있습니다. 매수한 기업의 주가가 상승하고 매도한 기업의 주가가 하락한다면 양쪽에서 모두 수익이 나는 구조인 셈입니다. CLIX의 롱 리스트는 기업 매출의

도표 67 미국의 주요 자산운용사

ETF 운용사	ETF 브랜드	순자산총액(ETF)	ETF 자산 점유율
블랙록	iShares	1990.24조 원	39%
뱅가드	Vanguard	1362.34조 원	27%
스테이트 스트리트	SPDR	802.66조 원	16%
Invesco	Invesco	257.83조 원	5%
찰스슈왑	Schwab	189.59조 원	4%
퍼스트트러스트	First Trust	102.13조 원	2%
백엑	Vaneck	51.11조 원	1%
위즈덤트리	WisdomTree	43.69조 원	1%
기타	–	338.47조 원	7%
총합		5138.08조 원	

자료: ETF.com, 2020년 3월 9일 기준.

전부가 온라인에서 발생하는 기업들이 있으며, 숏 리스트에는 월마트·코스트코·타깃 등 매출의 75% 이상이 오프라인 매장에서 나오는 기업들이 포함되어 있습니다.

또한 코로나19로 인한 경기 후퇴, 경제 불확실성 증대 등으로 경기방어주 ETF가 주목받고 있습니다. 대표적인 ETF는 XLP로, 업종 내에서 가장 크고 가장 오래된 ETF입니다. XLP는 모두 34개 기업의 주식을 편입하고 있는데요, 그중에서 가장 많은 비중을 차지하고 있는 종목은 종합생활 메이커 P&G입니다. P&G는 비누, 세제를 포함한 각종 가정용품을 생산하는 기업으로 매출액 순위로는 미국 내 25위에 해당하는 거대 기업입니다. P&G에 이어 두 번째로 비중이 큰 종목은 코카콜라이고 이어서 세 번째, 네 번째는 각각 펩시코, 월마트입니다. 이외에도 코스트코, 필립모리스, 킴벌리 같은 잘 알려진 기업들이 XLP를 구성하는 주요 종목들입니다. VDC, IYK 역시 구성 종목 면에서 큰 차이는 없습니다.

중국 시장 투자 기회와 유망 ETF

미·중 무역전쟁의 전개, 코로나19 확산, 부채 중심의 성장에 따른 경제 구조적 문제 등은 중국 경제의 전망을 어둡게 하는 요인들입니다. 그러나 장기적으로 볼 때 정부 주도의 경기 부양, 계속 성장하는 내수 등으로 중국 경제의 성장 잠재력은 여전히 매우 높습니다. 특히 미·중 무역전쟁의 파급 효과로 불러온 자본 및 금융시장 개방은 중국 자본시장의 급성장을 기대할 수 있는 요인이 되었습니다.

ETF를 통해 중국에 투자하고자 한다면 거대한 인구 규모를 통해 발전을 거듭하는 내수소비·1등주·4차 산업혁명·플랫폼 관련 ETF가 유망하다고 봅니다.

중국 내수 1등주 ETF로는 미국 증시에 상장된 CHIQ와 홍콩 증시에 상장된 '3173'이 있습니다. 한국 증시에는 중국 소비재 기업에 투자하는 ETF가 딱히 없습니다. CHIQ에서 가장 큰 비중을 차지하는 기업은 '알리바바'입니다.

중국 우량 대형주 ETF는 한국, 미국, 홍콩에 모두 상장되어 있습니다. 한국에는 삼성자산운용에서 운용하는 '169950'과 KB자산운용에서 운용하는 '174360'이 있습니다. 미국 증시에 상장된 중국 블루칩 ETF로는 FXI와 MCHI가 있습니다. 홍콩에 상장되어 있는 중국 우량대형주 ETF로는 '2828', '2823'이 있습니다.

중국의 온라인 서비스 기업으로 구성된 ETF로는 미국 증시에 상장된 'KWEB', 'PGJ', 'CHIC'가 있습니다. 홍콩 증시에 상장된 중국 온라인 서비스 ETF는 '3186'입니다. 중국 4차 산업혁명 기업에 투자하기를 원한다면 미국 증시에 상장된 ETF 'CQQQ' 혹은 'PGJ'를 선택하면 됩니다.

신흥국 시장 투자 기회와 유망 ETF

세계 경제의 불확실성이 커지고 있는 시점이지만, 그 가운데서도 풍부한 젊은 노동력을 바탕으로 필연적으로 성장할 수밖에 없는 인도, 베트남은 '포스트 차이나'로 불릴 만큼 빠른 속도로 중국을 위협하고 있습니다. 특히, 정부의 과감한 경제 개혁과 투자 의지, 풍부한 해외 자본 유입은 향후 인도, 베트남 경제성장의 원동력이 될 것으로 보입니다. 성장 잠재력이 큰 이들 국가에 대한 투자를 통해 장기적으로 고수익을 기대할 수 있을 것으로 보입니다.

인도는 기간산업을 육성하는 정책에서 벗어나 규제 완화 및 개혁개방으로 높은 성장률을 보이고 있는 나라 중 하나입니다. 인도에 투자하는 대표적 ETF는 INDA(iShares MSCI India ETF, 미국 상장)입니다. 미국에 상장된 인도 ETF 총 12개 가운데 규모는 AUM이 가장 크고, 운용 비용은 0.69%로 AUM이 상위 5개 ETF 가운데 가장 낮습니다.

베트남은 중국과 같이 사회주의체제를 유지한 가운데 시장경제 시스템을 받아들여 경제적 성과를 거둔 대표적 국가로 1980년 중반 소위 '도이머이(doi moi)'라는 경제 개혁, 개방 정책을 시행하였고 미국의 경제 제재 조치

해제 이후, 국제사회로부터의 원조가 본격화되면서부터 경제적 성과를 뒷받침했습니다. 베트남은 수출 주도형 성장 전략을 경제성장의 주된 원동력으로 삼기도 했습니다. 제조업 중심으로 해외 자본을 적극 유치한 것이 유효하게 작용해 수출 호조로 이어졌고, 외국인 투자 기업이 베트남 전체 수출에서 차지하는 비중이 70%를 넘어서게 됐습니다. 제조업의 생산구조를 노동집약적 업종(섬유, 신발 등)에서 기술집약적 업종(전자제품 등)으로 비중을 높여가며, ASEAN 내 타국가들의 수출 주력 품목이 성숙 단계에 돌입한 것과 달리 새로운 수출 주력 품목을 발굴했습니다.

베트남에 투자하는 대표적 ETF는 VNM(VanEck Vectors Vietnam ETF, 미국 상장)입니다. MVIS Vietnam Index를 추종하는 VNM는 금융 섹터 비중이 37%로 가장 높고, 상위 10개 종목 중 '베트남의 삼성'이라 일컬어지는 Vingroup 그룹주가 차지하는 비중(20%)이 높다는 특성이 있습니다.

코드	종목	설명
SPY	SPDR S&P 500	S&P 500 지수를 추종하며 S&P 500 지수에 편입된 전체 500개 주식을 대표하는 포트폴리오. 미국 대형주를 편입하고 있으며 단위 투자 신탁형태로 분기별 배당을 지급함. 시가총액을 기준으로 보유 종목에 가중치 부여함.
XLF	FINANCIAL SELECT SECTOR SPDR FUND	파이낸셜 셀렉트 섹터의 운용 실적을 추종. 금융 서비스 기업이 주된 구성 종목임.
SLV	ISHARES SILVER TRUST	은에 투자함. 자산은 주로 신탁을 대신하는 수탁 기관이 보유한 은으로 구성됨.
EEM	ISHARES MSCI EMERGING FUND	MSCI TR Emerging Markets 지수 추종. 대형주와 중형주로 구성. 신흥국 TOP5에는 홍콩, 한국, 대만, 인도, 중국이 포함됨.
QQQ	INVESCO QQQ TRUST	인베스코 QQQ 트러스트 시리즈로 나스닥 100 지수를 추적하며 미국 대형주가 구성 종목임. 금융 부문은 제외하고 기술 및 소비자 부문에 주력함.
SPXS	DIREXION DAILY S&P 500 BEAR 3X ETF	S&P 500 지수를 역으로 3배수 추적.
TQQQ	PROETF ULTRAPRO QQQ	나스닥 100 지수 일간 운용 실적의 3배를 추적.
GDX	VANECK VECTORS GOLD MINERS ETF	NYSE Arca 금광 기업 지수의 운용 실적을 추종. 전 세계 모든 원자재 주식에 투자함.
SPXU	PROETF ULTRAPRO SHORT S&P 500	S&P 500 지수의 일간 운용 실적의 역방향의 3배 추종.
UVXY	PROETF ULTRA VIX SHORT TERM FUTURES ETF	S&P 500 VIX 숏텀 퓨쳐 지수의 1.5배 추구.
IAU	ISHARES GOLD TRUST	수탁 기관이 보유한 금으로 구성.
EWZ	ISHARES MSCI BRAZIL ETF	MSCI 브라질 20/50 지수 1배 추종. 브라질 주식시장의 85%를 대표하는 중대형주로 구성됨.

IWM	ISHARES RUSSEL 2000 ETF	러셀 2000 인덱스펀드 추종. 미국 중소형주 중심. 러셀 3000지수에서 시가총액이 작은 순서로 2,000개 기업에 투자.
HYG	ISHARES IBOXX $ HIGH YIELD CORPORATE BO	미국 달러로 표시된 하이일드 회사채로 구성된 지수 추종.
SQQQ	PROETF ULTRAPRO SHORT QQQ	나스닥 100 지수 일간 운용 실적의 역방향으로 3배 추종.
XLE	ENERGY SELECT SECTOR SPDR FUND	에너지 업종 섹터의 지수 추종. 미국 에너지 대형주 중심. 천연가스 기업, 굴착 및 기타 에너지 관련 서비스 기업에 투자.
EFA	ISHARES MSCI EAFE ETF	MSCI EAFE 지수 추종. 대형주와 중형주로 구성. 미국과 캐나다를 제외한 전 세계 선진국에 종목이 집중됨.
TZA	DIREXION SMALL CAP BEAR 3X ETF	중소형주 지수 일간 운용 실적의 역방향 3배수 추종. 소형주 지수 에익스 포저를 제공하는 금융 상품에 순자산의 최소 80%를 투자함.
TNA	DIREXION SMALL CAP BULL 3X ETF	러셀 2000 지수(소형주 지수) 일간 투자 성과의 3배수 추종. 시가총액 가중지수로 소형주 지수를 구성하는 주식 종목에 순자산의 80% 이상 투자.
FXI	ISHARES CHINA LARGE-CAP ETF	FTSE 중국 50 지수(FTSE china 50 Index)를 추종. 금융, 석유가스, 기술 및 통신 섹터에 집중. 자산의 최소 90%를 실물지수 종목에 투자.
XLU	UTILITIES SELECT SECTOR SPDR FUND	유틸리티 셀렉트 섹터 지수를 추종. 통신 서비스, 전력 공급, 천연가스 유통 업체 등으로 구성.
GLD	SPDR GOLD TRUST	금괴의 신탁 비용 차감 실적과 연동. 금을 보유하고 때때로 금 예치의 대가로 바스켓 발행함. 바스켓 상환과 관련한 금 유통이 이루어짐.
SDS	PROETF ULTRASHORT S&P 500	S&P 500 지수 일간 실적의 역방향의 2배 추종.
IEMG	ISHARES CORE MSCI EMERGING MARKETS ETF	신흥시장 주식 실적을 나타내는 MSCI 신흥 시장 투자 가능 시장 지수를 추종. 소비재, 에너지, 금융 및 정보기술 기업으로 구성. 대표 표본 추출 방법을 사용.
SH	PROETF SHORT S&P 500	S&P 500 지수 일간 실적의 역방향을 추종.

SDOW	PROETF ULTRAPRO SHORT DOW30	다우존스30 지수(DowJones 30 Index) 일간 운용 실적의 역방향 3배를 추종.
SPXL	DIREXION DAILY S&P 500 BULL 3X ETF	S&P 500 지수의 일간 실적의 3배수 추종.
LQD	ISHARES IBOXX $ INVESTMENT GRADE CORPOR	미국 달러로 표시된 투자 등급 회사채로 구성된 지수 추종.
QID	PROETF ULTRASHORT QQQ	나스닥 100 지수의 일간 실적의 역방향 2배 추종.
XLI	INDUSTRIAL SELECT SECTOR SPDR FUND	인터스트리얼 셀렉트 섹터 지수 실적 추종. 미국 공업 대형주 중심. 전기, 건설장비, 폐기물 관리, 기계류 등 산업재에 투자. 시가총액 방식으로 보유 종목 투자 비중 결정.
VWO	VANGUARD FTSE EMERGING MARKETS ETF	FTSE Emerging Mkts 지수 추종. 브라질, 러시아, 인도, 타이완, 중국 및 남아프리카공화국 등 전 세계 신흥 시장 대형주와 중형주로 구성. 시가총액 기준으로 보유 종목에 가중치 부여.
XLK	TECHNOLOGY SELECT SECTOR SPDR FUND	테크놀로지 셀렉트 섹터 지수 추종. 중대형 기술주 중심. 시가총액 기준으로 가중치 부여.
VEA	VANGUARD FTSE DEVELOPED MARKETS ETF	FTSE Developed all capex US Index 지수 추종. 미국 중형 및 대형주, 서유럽과 이사아태평양 지역에 투자. 시가총액 방식으로 보유 가중 결정하며 분기마다 재조정.
TLT	ISHARES 20+Y TREASURY BOND ETF	ETF는 20년 초과 만기의 미국 국채 구성 지수 추종.
KRE	SPDR S&P REGIONAL BANKING ETF	S&P 리저널뱅크 셀렉트 인더스트리 지수의 추종.
GDXJ	VANECK VECTORS JUNIOR GOLD MINERS ETF	MVIS 주니어 광업 기업 지수 추종. 벤치마크 지수 구성 종목에 총 자산의 최소 80% 투자.
XLP	CONSUMER STAPLES SELECT SECTOR SPDR FUN	컨슈머 스테이플스 셀렉트 섹터 지수 추종. 화장품, 개인용품, 제약, 음료, 담배, 식료품 등 필수 소비재 대형주 중심. 시가총액 방식으로 보유 종목 비중 결정.

IEFA	ISHARES CORE MSCI EAFE ETF	MSCI EAFE 투자 가능 시장 지수 추종.
XLV	HEALTH CARE SELECT SECTOR SPDR FUND	헬스케어 셀렉트 섹터 지수 추종. 헬스케어 장비 및 용품, 헬스케어 공급 및 서비스, 생명공학 및 제약 관련 기업 중심으로 투자.
UCO	PROETF ULTRA BLOOMBERG CRUDE OIL	블룸버그 크루드 오일 하위 지수(BloombergCrudeOilSub−index)의 일간 운용 실적 2배수 추종.
JNK	SPDR BARCLAYS HIGH YIELD BOND ETF	블룸버그 바클레이즈 하이일드 고유동성 채권 지수 추종.
XOP	SPDR S&P OIL & GAS EXPLOR & PRODUCT	S&P 오일 & 가스 익스플러레이션 & 프로덕션 셀렉트 인더스트리 지수 추종.
UPRO	PROETF ULTRAPRO S&P 500	S&P 500 지수 일간 운용 실적의 3배 추종.
SRTY	PROETF ULTRAPRO SHORT RUSSELL2000	러셀 2000 지수 일간 운용 실적의 역방향 3배수 추종.
DUST	DIREXION DAILY GOLD MINERS INDEX BEAR 2	NYSE Arca 금광업 지수의 일간 실적 역방향 2배수 추종.
JDST	DIREXION DAILY JUNIOR GOLD MINERS INDEX	마켓 벡터스 주니어 골드 지수 일간 실적 역방향 2배수 추종.
USO	UNITED STATES OIL FUND	WTI 원유 선물을 추종.
PSQ	PROETF SHORT QQQ	나스닥 100 지수 일간 운용 실적의 역방향 추종.
BKLN	INVESCO SENIOR LOAN ETF	S&P/LSTA U.S. 레버리지드 론 100 지수 추종.
XLB	MATERIALS SELECT SECTOR SPDR FUND	머티리얼스 셀렉트 섹터 지수 추종. 화학약품, 건축자재, 컨테이너 및 포장재 기업이 중심.

UNG	UNITED STATES NATURAL GAS FUND LP	NYMEX 헨리 허브 천연가스 가격을 추종. 천연가스는 다른 원자재와 비교했을 때 보관비용이 더 많이 들기 때문에 다음 월물로 갈아타는 비용인 롤오버 비용이 많이 들어 UNL과 비교 시 하락률이 더 클 수 있음.
AGG	ISHARES CORE US AGGREGATE BOND ETF	블룸버그 바클레이즈 US 애그리게이트 채권 지수 추종. 미국 투자등급 채권 시장 내 종목에 투자. 국채, 회사채, MBS, ABS, CMBS 중심.
XBI	SPDR S&P BIOTECH ETF	S&P Bio테크놀로지 셀렉트 인더스트리 지수 추종. NYSE, 미증권거래소, 나스닥 내셔널마켓, 나스닥 소형주거래소 상장 미국 주식으로 구성.
EWJ	ISHARES MSCI JAPAN FUND	MSCI 일본 지수 추종. 시가총액 가중의 포트폴리오 샘플링 방식으로 다양한 섹터를 대표하는 지수 구성 종목에 투자.
EWG	ISHARES MSCI GERMANY FUND	MSCI 독일 지수 추종. 포트폴리오 샘플링 방식으로 독일 대표 기업에 투자.
EWH	ISHARES MSCI HONG KONG FUND	MSCI 홍콩 지수 추종. 포트폴리오 샘플링 방식으로 홍콩 대표 기업에 투자.
ASHR	XTRACKERS HARVEST CSI 300 CHINA A–ETF	CSI 300 지수 추종. 상하이 및 선전거래소 상장 중국 A주에 투자.
JETS	US GLOBAL JETS ETF	국제여객 항공사, 항공기 제조업체, 공항 및 터미널 서비스 업체로 구성된 스마트 베타 지수 추종.

03

안정성을 높이는,
커버드콜 ETF와 버퍼 ETF

#파생 ETF에 대해 알아보자
#큰 수익을 얻는 것보다, 큰 손해를 입는 것을 피하고자 할 때
#알면 알수록 흥미로운 ETF의 세계

앞서 많은 종류의 ETF를 살펴보았습니다. 이번 챕터에서는 2개의 파생 ETF 상품에 대해 이야기하고자 합니다. 바로 커버드콜 ETF와 버퍼 ETF인데요, 이 두 ETF는 증시가 멈춰 서거나 하락장이 예상될 때 적절히 활용해볼 수 있는 상품입니다. 투자자의 손실을 완만하게 막아주도록 설계되어 있기 때문인데요, 이들 ETF의 특성에 대해 알아봅시다.

커버드콜 ETF

커버드콜 ETF는 주가지수를 따라 움직이는 기존 평범한 펀드에 콜옵션 매도를 추가한 구조의 ETF입니다. 주가 상승 시에는 현물주식을 보유하면서 수익 + 옵션 매도로 손실이 나고 주가 하락 시에는 현물주식을 보유하면서 손실 + 옵션 매도로 이익이 나는 구조입니다. 따라서 시장이 횡보하거나 완만하게 오르거나 내릴 때 수익이 납니다. 국내 지수를 대상으로 하는 커버드콜 ETF는 TIGER 200커버드콜5%OTM, TIGER 200커버드콜ATM, KBSTAR 200고배당커버드콜ATM, 마이다스 200커버드콜5%OTM, 마이티 200커버드콜ATM레버리지가 있는데, 한국거래소가 산출하는 코스피 200 커버드콜 지수(c-코스피200)를 추적합니다. 코스피 200에 해당하는 현물 주식 바스켓을 구성하고 동시에 같은 규모의 콜을 신용 매도하는 전략입니다. 또한 S&P 지수를 바탕으로 하는 국내 커버드콜 ETF도 KODEX 미국S&P 고배당커버드콜(합성)도 상장되어 있습니다.

주가지수가 상승하면 커버드콜 ETF도 상승합니다. 하지만 주가지수가 10% 상승한다고 해서 커버드콜 ETF 또한 10% 상승하지는 못합니다. 콜옵션 매도를 했기 때문에 주가지수가 상승할수록 그만큼 손실을 반영해줘야 하기 때문입니다. 반대로 주가지수가 하락한다면 커버드콜 ETF도 따라서 주가지수와 비슷한 수준의 하락을 하게 됩니다.

미국 증시에 상장된 가장 대표적 커버드콜 ETF Invesco S&P 500 BuyWrite ETF(PBP)를 예를 들어 살펴봅시다. PBP는 미국 증시 S&P 500 지수를 매수하고 1개월 만기의 콜옵션을 매월 매도하는 구조로 운용됩니다. 콜옵션 매도 규모는 보유한 주가지수의 가격 상승 폭을 상쇄할 수 있는

콜옵션 매수 시

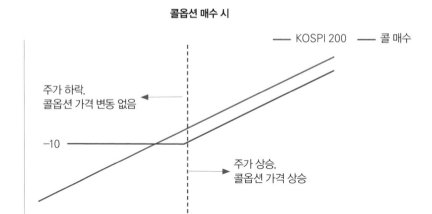

풋옵션 매수 시

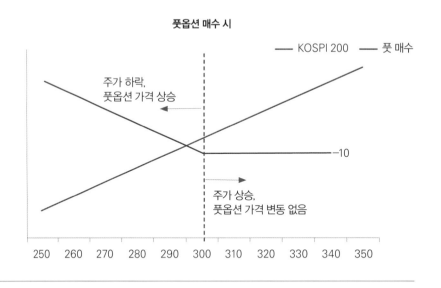

콜옵션 매도 시

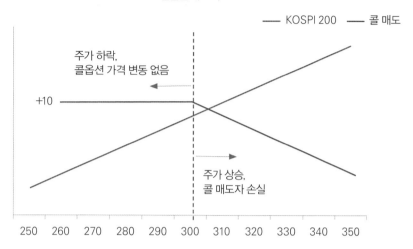

KOSPI 200 — 콜 매도

주가 하락,
콜옵션 가격 변동 없음

+10

주가 상승,
콜 매도자 손실

250 260 270 280 290 300 310 320 330 340 350

풋옵션 매도 시

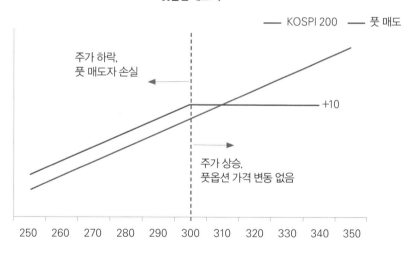

KOSPI 200 — 풋 매도

주가 하락,
풋 매도자 손실

+10

주가 상승,
풋옵션 가격 변동 없음

250 260 270 280 290 300 310 320 330 340 350

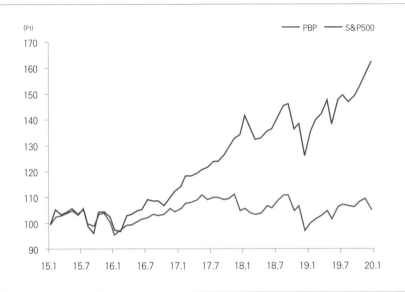

규모로 흔히 델타헤지라고 불리는 기법을 따르고 있습니다. S&P 500 지수는 5년 동안 70% 가까이 급상승했습니다. 하지만 커버드콜 ETF PBP는 같은 기간 가격 상승이 별로 없었습니다. 보유한 주식의 상승 폭을 매도한 콜 옵션에서 발생한 손실이 상쇄했기 때문입니다.

글로벌 증시가 큰 폭으로 상승하게 될 것으로 전망한다면 굳이 커버드콜 ETF에 투자할 필요는 없습니다. 하지만 증시가 현 수준에 머물러 있거나 하락할 것으로 예측한다면 커버드콜 ETF는 훌륭한 선택이 될 것입니다.

또한, 커버드콜 ETF 투자는 높은 분배금 수익을 누릴 수 있다는 이점이 있습니다. 옵션을 매도하고 옵션의 시장 가격에 해당하는 프리미엄을 수취하게 되는데 이 프리미엄은 대부분 커버드콜 ETF를 매수한 투자자에게 분배금으로 지급되는 방식입니다. 하지만 커버드콜 ETF의 투자 목적이 오로

지 분배금 수익에만 있는 것은 아닙니다. 앞서도 얘기했듯 커버드콜 ETF는 증시 전망이 부정적으로 예상될 때 빛을 발하는 전략입니다. 즉, 증시가 오르지 못해도 높은 배당금을 받아 이익을 얻을 수 있으며 하락장에서 투자자들을 어느 정도 보호해줄 수 있다는 의미입니다.

증시가 폭락하는 일은 드물지만, 완만한 하락장은 언제든 찾아올 수 있습니다. 그런 상황에서 커버드콜 ETF는 효과적인 투자 대상이 될 겁니다. 증시가 더 이상 상승하지 못하고 변동이 심할 것으로 예상될 때, 그리고 매매 차익이 아닌 꾸준한 배당 수익을 원할 때, 이 두 가지가 확실하다면 커버드콜 ETF는 최선의 투자 대상이 될 수 있습니다.

증시가 하락해도 손실이 없는 버퍼 ETF

커버드콜 ETF와 마찬가지로 파생 ETF인 버퍼 ETF에 대해 알아봅시다.

버퍼 ETF는 기초지수를 추종한다는 점에서 일반 ETF와 유사하지만, 옵션 등을 이용해서 상승 시 수익이 제한되고, 하락 시에도 수익이 제한되도록 설계된 상품입니다.

예를 들어 a라는 기준가를 시점으로 지수가 상승하면 버퍼 ETF의 가격도 같은 폭으로 상승합니다. 지수가 5% 상승하면 버퍼 ETF 역시 5% 상승하고 지수가 10% 상승하면 버퍼 ETF 역시 10% 상승합니다. 하지만 지수가 더욱 상승해서 b라는 특정 가격에 도달하면 이후 기초지수가 상승해도 버퍼 ETF의 가격은 더는 오르지 못합니다. 버퍼 ETF의 가격이 더 상승하지 못하는 이 특정 가격을 '캡(cap)'이라 부릅니다. 이렇듯 버퍼 ETF는 구조적으로 가격 상승에 대한 한계점을 가지고 있습니다. 이 캡의 위치는 버퍼 ETF의 종류에 따라 다양합니다. 20%를 넘는 경우도 있고 10%에 미치지 못하는 경우도 있습니다. 캡의 크기에 대해서는 투자자가 판단해 선택할 수 있습니다.

이번엔 반대로 증시가 하락하는 상황을 가정해봅시다. 다시 a라는 기준가에서 만약 지수가 하락한다면 버퍼 ETF의 가격은 따라서 하락하지 않고 그 자리에 머무릅니다. 가령 지수가 5% 하락한다 해도 버퍼 ETF 투자자는 전혀 손실이 없습니다. 하지만 증시 상황이 악화되면서 지수가 더욱 큰 폭으로 하락해 c라는 가격에 도달하면 이때부터는 버퍼 ETF도 하락을 시작합니다. 증시 하락을 버텨내는 a부터 c까지의 구간을 '버퍼(buffer)'라고 부릅니다. 버퍼 역시 개별 버퍼 ETF에 따라 다양하게 존재합니다. 버퍼의 범위는 적게는 9%부터 많게는 30%까지 분포합니다.

도표 71 버퍼 ETF의 수익 구조

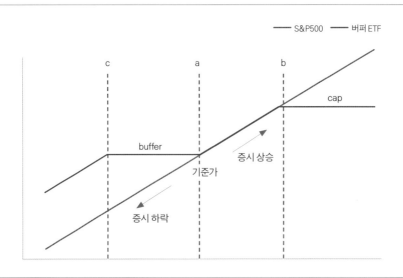

현재 미국 증시에 상장된 버퍼 ETF는 기본적으로 S&P 500 지수를 기초자산으로 추종하는 구조입니다. 하지만 여러 종류의 파생상품으로 복잡하게 설계되었는데, 지수 복제, 버퍼 설정, 캡 설정의 3단계로 구성되며 두 개의 옵션을 매수하고 두 개의 옵션을 매도하는 방법으로 주가지수를 복제합니다.

버퍼 ETF를 구성하는 여러 종류의 옵션들에는 모두 만기가 지정되어 있습니다. 옵션이나 선물 같은 파생상품은 미리 약정한 계약이 실행되는 만기일이라는 개념이 존재합니다. 버퍼 ETF들의 옵션 만기일은 계약일로부터 1년 이후 시점입니다. 하지만 버퍼 ETF 자체는 만기가 있는 상품이 아닙니다. 하지만 버퍼 ETF를 구성하는 옵션들은 1년마다 새로 갈아타기를 해야만 합니다.

버퍼 ETF는 커버드콜 ETF와 마찬가지로 투자의 리스크를 완화하고자 할 때 필요한 ETF입니다. 앞으로 증시가 상승하지 못하거나 혹은 하락 전환이 우려될 때 관심을 가질만한 종목이죠. 그렇다고 수익성 측면에서 특별히 큰 핸디캡을 안고 있다고 볼 수도 없습니다. 그런 측면에서 버퍼 ETF는 투자자들에게 적당한 수익과 적당한 안정성을 동시에 제공한다고 볼 수 있습니다.

04

포스트 코로나 시대의 ETF 투자 전략

#위기는 곧 기회! 코로나19가 우리에게 안겨준 교훈
#과거 증시 복기하며 포스트 코로나 투자 전략 세우기
#삼각분할과 균등분할의 수익 차이를 살펴보자

《ETF 투자의 신》의 제안대로 투자했다면

저는 2019년 봄, 첫 번째 책 《ETF 투자의 신》을 쓰면서 이렇게 제안드린 적이 있습니다.

"2020년 3월에서 9월 사이에 지수가 바닥을 형성하고 반등하기 시작할 확률이 높다. 바로 급등은 아니라 횡보하면서 저점을 높이는 흐름으로 국내 증시가 움직일 가능성이 높다. 코스피 지수 기준으로 1800포인트 아래에서 부터 정액적립식으로 분할매수로 ETF에 접근하면 장기적인 전망으로는 기대수익을 높일 수 있다."

코로나19 변수에 대한 고려 없이 기술적 분석에 의해서만 예측한 것이었습니다. 실제로는 어땠을까요? 코스피 시황은 2020년 3월 13일부터 4월 7일 사이 18일간 1500~1800포인트 사이로 급락했습니다.

만약 제 제안에 따라 1500포인트일 때 들어가서 1800포인트에 도달할 때까지 KODEX 200을 균등분할로 매수했다면 평균 가격은 22,235원입니다. 그리고 2020년 11월 10일 종가 32,575원을 기준으로 삼았다면 수익률이 46.50%가 됐을 겁니다. 은행 금리의 수배 이상의 수익을 달성할 수 있었습니다.

만약 더 적극적으로 KODEX 200 레버리지를 매수했다면 어땠을까요? 1500포인트에서 시작하여 1800포인트 도달할 때까지 KODEX 200 레버리지를 균등분할로 매수했다면 평균 가격은 8,127원입니다. 2020년 11월 10일 종가 16,140원을 기준으로 삼으면 수익률은 98.60%이었을 겁니다. KODEX

도표 73 2020년 KODEX 200 흐름

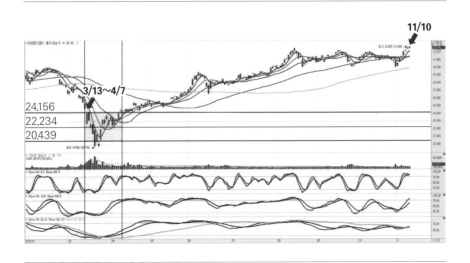

도표 74 2020년 KODEX 200 레버리지 ETF 흐름

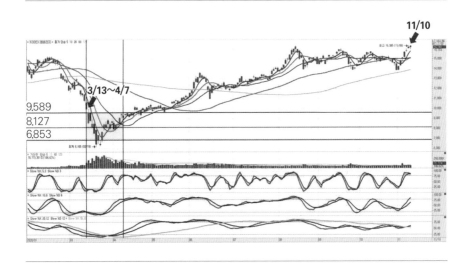

구분	초기 투자금	수익률(균등분할)	최종 자산
20대	3,000만 원	98.60%	약 5,950만 원
30대	7,500만 원	98.60%	약 1억 4,894만 원
40대 이상	3억 원	98.60%	약 5억 9,566만 원

200에 투자했을 때보다 2배 이상의 수익이 납니다.

98.60%의 수익률이 얼마만큼인지 저희가 가지고 있는 데이터로 한번 살펴보겠습니다. 제가 몸담고 있는 회사에서 '트레이드 스터디'라는 프로그램을 운영 중인데, 그곳에 계신 VVIP 회원들의 연령대별 평균 투자금 평균을 토대로 KODEX 200 레버리지 ETF 투자 성과를 시뮬레이션해보았는데요, 도표 75 를 보면 꽤 높은 투자 성과가 나타남을 알 수 있습니다.

분할매수 수익률 극대화 방법

만약 시장의 흐름을 확신한다면 ETF를 매수할 때 균등분할 방식보다 삼각분할매수법이 수익률이 더 높을 수 있는 방법입니다. 이에 대해 알아볼까요?

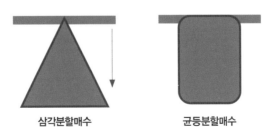

삼각분할매수   균등분할매수

균등분할이 특정 기간 동안 똑같은 비중으로 꾸준히 매수하는 것이라면, 삼각분할은 매수 회차가 더해질수록 매수 비중을 점차 높이는 방법입니다. 수익 면에서는 어떻게 차이가 날까요? 2020년 3월 13일부터 4월 7일 사이 18일간 코스피 지수가 1500~1800포인트 사이에 있을 때 KODEX 200 레버리지를 삼각분할과 균등분할로 매수했을 경우를 비교해봅시다.

도표 76 삼각분할과 균등분할로 KODEX 200 레버리지 ETF를 매수했을 시 비교

구분	가격	수량 (삼각분할)	구성비 (삼각분할)	금액 (삼각분할)	수량 (균등분할)	구성비 (균등분할)	금액 (균등분할)
1	9,585	55	1.75%	527,175	313	10%	3,000,105
2	9,285	118	3.65%	1,095,630	323	10%	2,999,055
3	8,980	182	5.45%	1,634,360	334	10%	2,999,320
4	8,675	254	7.35%	2,203,450	346	10%	3,001,550
5	8,370	324	9.05%	2,711,880	358	10%	2,996,460
6	8,065	404	10.85%	3,258,260	372	10%	3,000,180
7	7,765	493	12.75%	3,828,145	386	10%	2,997,290
8	7,460	585	14.55%	4,364,100	402	10%	2,998,920
9	7,155	690	16.45%	4,936,950	419	10%	2,997,945
10	6,850	794	18.15%	5,438,900	438	10%	3,000,300
합계				29,998,850			29,991,125

구분	평균가격	실수량	종가 (20/11/10)	수익률	수익금	실주문 금액	비고
삼각	7,694	3,899	16,140	109.77%	32,929,738	29,998,850	
균등	8,127	3,691	16,140	98.60%	29,571,249	29,991,125	
차이	−433	208	−	11.17%	3,358,489	7,725	

도표 76 과 같은 구성비로 분할매수를 하면, 삼각분할매수법이 균등분할 매수보다 수익률이 더 높은 것을 알 수 있습니다. 코스피 지수 1500포인트에 서 시작하여 1800포인트 도달할 때까지 KODEX 200을 삼각분할로 매수했 다면 평균 가격은 7,694원입니다. 2020년 11월 10일 종가 16,140원을 기준으 로 삼으면 수익률은 109.77%이고요. 균등분할매수보다 수익률이 11.17% 더 높다는 것을 알 수 있습니다.

KODEX 200에 투자했을 때의 경우도 삼각분할과 균등분할매수를 비 교해봅시다. 코스피 지수 1500포인트에서 시작하여 1800포인트 도달할 때 까지 KODEX 200을 삼각분할로 매수했다면 평균 가격은 21,629원입니다. 2020년 11월 10일 종가 32,575원을 기준으로 삼으면 수익률은 50.61%입니 다. 균등분할매수 때 수익률 46.5%보다 4.1% 더 높은 수익률을 보여주는 것 을 알 수 있습니다.

새로운 시작을 보이는 국내 증시, 어떻게 준비해야 할까

현재 증시는 두 가지 경우의 수로 바라볼 수 있습니다. 현재 우리 증시가 전고점을 돌파한 것을 두고 기업 실적 모멘텀이 도와주었다고 판단해야 할 텐데, 2018년 1월과 2020년 12월 고점인 2600포인트를 가볍게 아주 빠른 속도로 돌파했습니다. 대한민국의 기업들 중에 대형주들의 실적이 예전보다 좋아질 거라는 확신에 찬 모습이 지수 상승을 이끌었다고 보는 것이 옳다고 판단됩니다. 저는 책을 마무리하며 국내 증시에 대한 전망을 순수하게 기술 적으로 써 내려가야 하는 지금, 말로 표현할 수 없을 정도의 설렘과 떨림이

공존한다고 이 책을 읽는 독자들에게 말씀드리고 싶습니다.

대한민국 코스피 지수는 2007년 10월 고점 2070포인트를 올라선 후 금융위기를 만났습니다. 그 후 2011년 4월 고점 2231포인트를 보고 난 후 대한민국 증시는 모 증권사 센터장이 표현한 것처럼 코스피가 아닌 '박스피'라는 오명이 붙었죠. 그 후 2011년 4월 고점 2231포인트, 2017년 5월 2371포인트로 고점을 만들며 길고 긴 박스피라는 터널을 지나 '코스피'라는 이름을 되찾아올 수 있었습니다. 그리고 2018년 1월, 대망의 2600포인트를 확인하는 장세를 보여주었습니다.

아마도 이 글을 읽는 독자 여러분들은 '차트를 보면 다 아는 내용인데 뭘 이렇게 설명하나' 싶을 수 있겠지만, 대한민국 증시에서 몇 안 되는 중요한 기준점이기에 다시 한 번 짚어볼 필요가 있습니다. 코스피 지수는 코로나19가 창궐한 이후 2007년부터 시작된 10여 년 간에 고점 추세 라인을 뒤로 하고 2607포인트 고점에서 1439포인트 저점까지 1168포인트를 하락시키는 증시 역사에 몇 차례 안 되는 급락 장세를 보여준 것을 다들 알고 계실 것입니다. 그 후 시장은 사상 최대의 유동성 공급과 더불어, 기업의 실적이 좋아지면서 빠르게 2018년 1월 고점이었던 2600포인트를 돌파하였습니다.

여기서부터 결론입니다. 기술적 분석에서 추세 라인을 4차례 상방으로 돌파하려는 모습이 주식 종목에서 나온다는 것은 기업의 사업구도가 바뀌었거나 업황이 달라져서 실적 모멘텀이 예전과는 명확하게 다를 때 나오는 현상이라고 이해하면 됩니다. 그런데 어떠한 특정 종목에서 그런 흐름이 나온 것이 아니라 대한민국 코스피 지수 전체에서 이런 흐름이 나온다는 것은 2007년도부터 이어온 고점 추세 라인이 2020년 12월을 시작으로 새로운 대한민국 증시의 시작을 나타낸다고 할 수 있을 것입니다.

도표 77 의 2000년도 시총 상위와 2021년 현재 시총 상위가 달라진 것을 보면 이해할 수 있을 것입니다. 2015년도 코스피 지수가 박스피에서 나오지 못할 때에는 시총 1위 삼성전자, 2위 현대차를 제외하고는 내수 위주의 수익성을 갖고 있는 기업들이 대부분이었습니다. 그러나 2017년도부터는 시총 상위들이 달라졌습니다. 반도체, 자동차, 철강, 인터넷, 바이오가 상위권으로 들어오면서 대한민국 코스피 시총 상위가 미국 주식 시총 상위와 사업 구성이 비슷한 종목들로 자리를 잡아가고 있다는 것을 볼 수 있습니다. 지금 대한민국 2021년 1월 시총 상위 종목은 삼성전자, SK하이닉스, LG화학, 네이버, 삼성바이오로직스, 삼성SDI, 현대차, 셀트리온, 카카오, 기아차입니

도표 77 2000~2021년 KOSPI 시가총액 10위

순위	2000년	2004년	2007년	2011년	2015년	2017년	2020년	2021년 1월
1	삼성전자	삼성전자	삼성전자	삼성전자	삼성전자	삼성전자	삼성전자	삼성전자
2	SK텔레콤	한국전력	POSCO	현대차	현대차	SK하이닉스	SK하이닉스	SK하이닉스
3	KT	POSCO	한국조선해양	POSCO	한국전력	현대차	삼성바이오로직스	LG화학
4	한국전력	SK텔레콤	한국전력	현대모비스	삼성물산	POSCO	NAVER	NAVER
5	POSCO	LG디스플레이	신한지주	기아차	아모레퍼시픽	NAVER	셀트리온	삼성바이오로직스
6	KT&G	현대차	SK텔레콤	LG화학	현대모비스	LG화학	LG화학	삼성SDI
7	기아차	KT	LG디스플레이	삼성생명	SK하이닉스	셀트리온	LG생활건강	현대차
8	현대차	LG전자	SK이노베이션	한국조선해양	삼성생명	KB금융	현대차	셀트리온
9	삼성전기	S-Oil	현대차	신한지주	LG화학	현대모비스	삼성SDI	카카오
10	삼성증권	신한지주	LG전자	한국전력	NAVER	삼성생명	삼성물산	기아차

도표 78 2000~2021년 미국 주식 시가총액 10위

순위	2000년	2004년	2007년	2011년	2015년	2017년	2020년	2021년 1월
1	GE	GE	엑손 모빌	엑손 모빌	애플	애플	마이크로 소프트	애플
2	엑손 모빌	엑손 모빌	GE	애플	마이크로 소프트	마이크로 소프트	애플	마이크로 소프트
3	화이자	마이크로소프트	마이크로 소프트	마이크로 소프트	엑손 모빌	아마존	아마존	아마존
4	시스코	씨티 그룹	AT&T	IBM	아마존	알리바바	알파벳C	테슬라
5	월마트	월마트	P&G	쉐브론	GE	페이스북	알파벳A	알리바바
6	마이크로소프트	화이자	쉐브론	월마트	존슨 앤 존슨	존슨 앤 존슨	페이스북	TSMC ADR
7	씨티 그룹	BoA	존슨 앤 존슨	GE	웰스파고	JP모건	알리바바	페이스북
8	AIG	존슨 앤 존슨	월마트	P&G	JP모건	엑손 모빌	버크셔 해서웨이.A	알파벳C
9	머크	AIG	BoA	AT&T	페이스북	알파벳	버크셔 해서웨이.B	브로드컴
10	인텔	IBM	애플	존슨 앤 존슨	알파벳	BoA	존슨 앤 존슨	알파벳A

다. 그리고 시총 10위 종목들의 사업 구성을 보면 반도체, 전기차, 배터리, 인터넷, 바이오가 모여 있다는 것을 알 수 있습니다. 이전 우리나라 증시를 보면 보통 대형주는 성장 모멘텀을 가지기 어려웠습니다. 그러나 2015년을 지나는 시점에서부터 대한민국 증시는 천천히 성장하는 기업들도 글로벌 시총 상위 종목들과 어깨를 나란히 하는 모습을 보였습니다. 이러한 모습이 자리를 잡으며 성장주 모멘텀을 등에 업은 코스피 지수가 2020년 1월 직전 고점 2600포인트를 돌파하는 모습을 보인 것입니다.

그렇다면 시장은 앞으로 어떤 흐름을 보일까요? **도표 79** 은 차트분석가로서 순수한 기술적 분석을 통해 앞서 언급한 내용을 기반으로 코스피 지수 흐름을 예상하여 작도한 것입니다. 100%는 아니겠지만 상당 부분 일치하는 흐름으로 대한민국 증시는 2020년 11월 2600포인트 돌파를 넘어서 1168 마디가를 기본으로 두 번의 레벨업이 있을 것으로 판단됩니다. 기술적 분석을 100% 믿을 필요는 없지만 시장을 분석하는 데 있어서 개인적으로는 기업 실적 예상치보다는 기술적 분석을 믿는 것을 권해드리고 싶습니다.

도표 79 을 보면 2007년도 고점 2085포인트에서 2008년 저점 892포인트를 빼면 1193포인트라는 기준 수치가 나옵니다. 그 후로 두 번 박스를 만들게 되고 2번 박스에서는 하단부까지 가지 않고 그 중심 값 근처까지만 하락하는 모습을 보여주었습니다. 3번 박스는 고점 2607포인트를 찍고 1984포인트까지 하락했다가 횡보 후 박스 하단부인 1439포인트까지 내려가는 모습을 보여주었습니다. 4번 박스는 1439포인트를 저점으로 해서 고점 2607포인

도표 79 기술적 분석을 통해 보는 코스피 지수 흐름

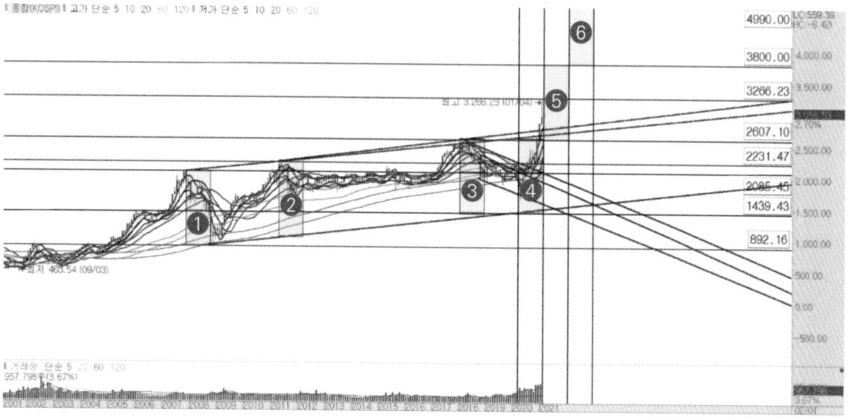

트를 돌파하였기 때문에 5번 박스 목표치를 기대할 수 있는데. 이미 5번 박스에 절반을 올린 상태입니다. 시장을 물리적인 시간과 기술적으로만 본다면 무조건 3800포인트를 향하는 흐름이 나오는 것이 옳다고 보고 있습니다. 3800포인트를 고점으로 하여 시장이 또 흔들리겠지만 대한민국 증시 중장기 끝자락으로 보고 있는 코스피 지수 4900~5000포인트 구간은 그리 멀지 않은 시간에 갈 수 있다고 보고 있습니다. 그렇기 때문에 독자 여러분들은 코스피 지수 기술적 분석을 기반으로 우량주 종목에 관심을 갖고 투자를 이어 나가셨으면 좋겠습니다.

제 주변의 아끼는 후배들이나 저에게 투자 공부를 배우는 많은 이들에게 이런 말을 자주 합니다. 1번 내가 잘하는 것, 2번 내가 좋아하는 것, 3번 세상에 필요한 것, 이 세 가지 안에서 무엇이든 전력을 다한다면 성공할 수 있다는 이야기입니다. 여러분도 스스로 내가 투자를 좋아하며 잘할 수 있는지 묻고, 또 지금 나에게 필요한 건지 고민을 해보면서 너무 급하게 투자를 해나가지 않았으면 좋겠습니다. 본인이 감당할 수 없는 투자는 어떠한 경우든 금물입니다. 돌다리도 두들겨 보면서 투자를 해나가시길 간절히 기도하고 응원 드린다는 말씀을 드립니다.

1 다음은 어느 투자지표에 대한 설명입니다. 이를 가리키는 것이 무엇인지 찾아 보세요.

> 1950년대에 주식 중개업에 종사하던 '조지 레인'이라는 사람이 널리 보급한 보조지 표로, 주가를 0~100% 사이의 값으로 바꾸어 주가의 금액 변화보다는 주가의 변화 추세에 집중한 지표이다.

① 이동평균선 　　　　　　　　② 추세선

③ 이격도 　　　　　　　　　　④ 스토캐스틱 슬로우 지표

2 해외 ETF에 투자할 시 주의사항이 아닌 것을 고르세요.

① 국내 상장 ETF와 외국 상장 ETF를 고를 때는 세금과 환율, 거래비용 등의 문 제를 잘 고려해야 한다.

② 해외에 상장된 ETF에 투자하면 나중에 이익과 손실을 합한 뒤 그 수익에 대 한 22%의 세금이 부과된다.

③ 국내에 상장된 해외 ETF를 통해 얻은 금융소득이 5,000만 원이 넘으면 금융 소득종합과세 대상이 된다.

④ 금융소득종합과세가 우려되는 고액 투자자들에게는 국내에 상장된 해외 ETF보다 해외에 상장된 ETF가 세제상 유리할 수 있다.

3 다음은 커버드콜 ETF에 대한 설명입니다. <u>빈 칸에 들어갈 말로 짝지어져 있는 것을 고르세요.</u>

> 커버드콜 ETF는 주가지수를 따라 움직이는 기존 평범한 펀드에 (　) 매도를 추가한 구조의 ETF이다. 코스피 주가지수가 상승하면 커버드콜 ETF는 (　)하며, 반면 주가 지수가 하락하면 커버드콜 ETF도 비슷한 수준의 하락을 한다. 커버드콜 ETF는 분배 금 수익을 노릴 수 있어 증시 전망이 (　)으로 예상될 때 빛을 발하는 전략이다.

① 풋옵션 - 하락 - 긍정적　　　　② 콜옵션 - 상승 - 부정적

③ 풋옵션 - 상승 - 부정적　　　　④ 콜옵션 - 하락 - 부정적

4 다음은 버퍼 ETF에 대한 설명입니다. <u>올바르지 않은 것을 고르세요.</u>

① 버퍼 ETF는 커버드콜 ETF와 마찬가지로 파생형 ETF다.

② 옵션 등을 활용해 증시가 하락하여도 특정 가격에 도달하면 더 이상 하락하 지 않으며, 증시 하락을 버텨내는 구간을 '버퍼'라고 부른다.

③ 버퍼 ETF는 증시 하락 시에는 가격 하락이 제한되어 있지만, 상승 시에는 제 한이 없다.

④ 버퍼 ETF를 구성하는 여러 종류의 옵션들에 만기가 지정되어 있기 때문에 정 기적으로 갈아타기가 필요하다.

※ 정답은 310쪽에서 확인할 수 있습니다.

개인투자자를 위한 ETF 성공 투자 7대 원칙

《강홍보 ETF 투자 특강》을 마무리하며, 제가 늘 강조하는 '개인 투자자를 위한 7가지 ETF 성공 투자 원칙'을 끝으로 말씀드리고 싶습니다. 출렁이는 증시와 각종 소음으로 판단이 흐려지고 혼란스러운 마음이 계속된다면 다시금 제가 말씀드리는 7가지를 떠올려보면 좋겠습니다.

1. 시장은 결국 우상향한다

반드시 기억해야 할 첫 번째 원칙은 '시장은 결국 우상향한다'는 것입니다. 이때 '시장'이란, ETF 중 대표적인 상품인 지수 ETF 종목입니다. 이 종목은 코스피, 코스닥, S&P500, 상해종합지수와 같은 시장 지수를 추적하는데, 개인 투자자라면 이 지수 ETF에 먼저 집중하는 것이 바람직하다고 다시 말씀드리고 싶습니다.

그리고 시장에는 '10년 주기의 큰 사이클이 있다'는 것도 알아야 합니다. 대략 10년에 한 번씩 큰 변곡을 지나는데, 3년 주기로 상승, 횡보, 하락이 반복됩니다. 만약 지금이 '상승' 기간으로 예측된다면 개인 투자자들은 다음의 시장 추세를 예상하며 ETF 투자에 임하는 것이 좋습니다.

2. 수익은 시장이 준다

투자자는 내 투자의 시작점이 시장에서 어느 지점에 있는지를 알아야 하고, 내가 왜 투자를 시작했는지 잊지 말아야 합니다. 아무리 좋은 종목과 투자 전략을 가지고 있거나 투자 공부를 많이 하고 자산 배분을 현명하게 해놓았더라도, 시장 흐름이 반대로 간다면 수익을 낼 수 없습니다. '시장이 수익을 줄 때 투자한다'는 원칙은 이기는 투자를 위해 가장 기본적으로 체크해야 할 요소입니다.

그래서 시장이 어떤 요소로 움직이는지를 이해하는 것은 매우 중요합니다. 저의 경우에는 시장 흐름을 읽기 위해 거시적 경제 이슈 점검부터 원유(WTI) 가격의 현 위치, 원/달러, 중국 위안화, 일본 엔화 등 중장기 환율 움직임, 미국의 실업급여 청구 건수를 먼저 살펴봅니다. 데일리 리딩을 위해서는 좀 더 상세하게 여러 지표와 차트를 분석하는데, 대표적으로 미국 시장의 S&P500 지수, 시가총액 상위 종목인 애플·아마존의 주가, 우리나라 시장에서는 삼성전자·SK하이닉스의 주가 변화에 주목합니다.

또한 저는 시장 흐름을 파악하기 위해 '기술적 분석'을 활용하는데, 차트에는 시장에 참여한 투자자들의 투심과 전략, 예측이 모두 녹아 있기 때문입니다. 물론 기업의 사업성과 재무구조 등 기업의 가치를 판단하는 '기본적 분석'도 시행하지만, 이번 글로벌 금융시장과 같이 변동성이 커지고 시장에 영향을 주는 요인을 예측하기 어려운 시점에서는 기술적 분석이 더욱 유용하게 작용합니다. 차트는 반복적인 패턴을 보이는 특정한 시장 동향을 반영하고 있어, 충분한 경험이 바탕이 된다면 차트를 사용해 시장의 가격 움직임을 예측해볼 수 있습니다.

거품이 터져 해소되고 과도한 절망이 넘치는 앞으로의 금융시장에서는 논리와 이성이 사라지고 공포와 탐욕이 커질 가능성이 높습니다. 시장 변동성은 투자 위험을 평가할 때 반드시 고려해야 하는 사항입니다. 차트는 시장 변동성을 평가하는 데 도움이 될 것입니다.

3. 시장은 매일 열린다. 일희일비할 필요가 없다

개인 투자자들이 흔히 착각하는 것이 있습니다. 내가 오늘 투자했는데 오늘 가격이 오르면 앞으로도 계속 오를 것이라는 생각입니다. 그러나 시장의 흐름은 신의 영역입니다. 아무도 알 수 없습니다. 그러니 수익을 냈다고 자만하지 말고, 손실을 입었다고 낙담하지 맙시다. 시장은 매일 열리기 때문입니다.

이렇게 시장이 매일 열린다는 점에서 장기 투자의 장점도 생각할 수 있습니다. 그래서 저는 2010년부터 개인 투자자들이 수익 낼 수 있는 단 하나의 금융상품으로 ETF를 알려왔습니다. 시장은 매일 열리고 장기적으로 우상향하기 때문에 지수를 추종하는 ETF를 보유하면 결국 가치가 높아지기 때문입니다. ETF는 개인 투자자가 경제생활을 하는 한 무조건 이길 수밖에 없는 구조를 가지고 있습니다. 단, 시기가 있습니다. 앞서 말한 대로 10년에 한 번씩, 3년 사이클로 움직이는 상승, 횡보, 하락 사이클을 잘 따져봐야 합니다.

본인이 어떤 일을 하고 있든 각자의 자기 본분에 맞는 생활을 열심히 해온 사람은 3년 정도의 투자 경험을 갖게 되면, '아, 시장은 내가 잘 해서 수익을 얻는 것이 아니라, 시장이 수익을 줄 때 얻는 것이 맞다'라는 것을 깨닫습니다. 일희일비하지 말고, 시장에 대해 꾸준히 공부하면서 나만의 투자 원칙과 전략을 정립해나가는 것이 중요합니다.

4. 계좌 관리가 답이다

개인 투자자들이 가장 먼저 선택해야 하는 것은 '투자금의 성격'을 결정하는 일입니다. 종잣돈을 활용하여 투자할 것인지, 저축 여력 자금을 활용하여 투자할 것인지 따져봐야 합니다.

예를 들어, 내가 가지고 있는 투자금 100만 원을 모두 투자해 수익이 나면 가장 좋겠지만, 그렇지 않을 경우를 대비해 50만 원만 투자하여 손실을 적게 낼 수도 있습니다. 이것을 '비중 관리'라고 합니다. 거듭 얘기했지만, 기본 전제는 '시장은 예측할 수 없다'는 것입니다. 투자금 100만 원 중 나머지 50만 원이 남아 있다면, 시장이 오르든 내리든 크게 상관이 없어집니다. 우리가 가질 수 있는 손익은 줄어들지만, 그래도 장기적으로 마음 편한 투자를 할 수 있게 됩니다.

비중 관리에 실패하면 '계좌가 녹는' 경험을 하게 됩니다. 투자를 처음 시작하는 초보 투자자의 경우, 누구나 경험하는 '첫 운빨'에 판단이 흐려져 손실에 대한 리스크 관리에 대해서는 소홀해지기 마련입니다. 리크스 관리나 손절을 하지 않고 그냥 기다리면 다시 시장이 회복되는 줄 압니다. 물론 운좋게 시장 분위기가 좋아져 수익이 계속될 수 있지만, 이러한 '운'이 평생 반복되는 줄 안다면 그만큼 위험한 것도 없습니다.

이러한 와중에 ETF는 투자자가 아직 미숙하고 빠르게 대응하지 못하더라도 수익을 낼 수 있도록 만들어진 상품입니다. 앞으로 더욱 안개 속으로 빠질 실물 경제 상황 속에서 투자자들은 내 투자금의 성격을 정하고 계좌가 녹지 않도록 비중 관리를 하면서 자산 배분 전략을 실천하는 것이 바람직합니다.

5. ETF, 첫째도 둘째도 정액적립식 투자

계좌 관리의 확실한 방법은 정액적립식 분할매수입니다. 그럼 과연 얼마간의 간격을 두고 정액적립식 투자를 해야 할까요?

일반적으로 분할매수를 할 때는 월 단위로 하는 것을 가장 많이 추천합니다. 그리고 자신의 투자 접근성, 즉 진입 후에 바로 수익이 나는 것과 손실이 나는 것을 경험한 뒤에 추가 매수를 통해 평균 단가에 대비해 수익률을 따져보고 코스트 에버리지 효과를 직간접적으로 경험해가면서 투자 역량을 키워가는 것이 중요합니다.

정액적립식 투자를 활용하면 통장 쪼개기 방식으로 매달 받는 이자를 다시 은행에 저축하는 것보다 10배 정도의 수익을 거둘 수 있습니다. 직장인은 월급이 오르는 만큼 투자금액을 늘려갈 수 있습니다. 앞의 종잣돈을 포함해서 늘어나는 저축 여력 자금을 다시 분할 투자할 수 있기 때문입니다.

청산하는 기준은, 매수 평균 단가와 비교해 수익률 5%에서 청산할지, 10%에서 청산할지 스스로 청산 원칙을 세우면 됩니다. 본문에서 자세히 언급했지만, 목표 수익률은 지난 4주의 저점 대비 고점의 상승률로 산정하는

데, 5% 상승했다면 매수 평균 단가 대비 5% 수익이 났을 때 50% 수익을 청산하면 됩니다. 50%를 청산하는 것도 또 다른 '비중 관리' 방법입니다. 즉 추가 상승 혹은 하락을 염두에 두는 것입니다. 이 같은 투자 전략은 하락장에서도 평균 단가를 낮추는 효과가 있기 때문에 펀드매니저나 애널리스트보다 좋은 수익을 얻을 수 있는 방법입니다.

6. 전략적 분할매수 vs. 물타기

투자자들은 내가 시장에 진입하는 것과 동시에 바로 가격이 오르길 기대하지만 시장의 특성에 따라 기대와 다를 수 있습니다. ETF 분할매수를 하더라도 앞서 설명한 '4주 목표 수익률'에 도달하지 못하고 계속해서 하락할 때도 있습니다. 대부분의 투자자는 이런 하락장에서 다 정리하고 손절하기 마련인데, 그러나 잃지 않는 투자를 믿고 계속 분할매수해가면 투자금이 쌓이고 기대 수익도 눈덩이처럼 커지는 것을 볼 수 있을 겁니다.

전략적 분할매수란, 내가 기대하는 만큼 가격이 바로 오르지 않더라도 그 가격라인에서 여러 가지 경제지표와 보조지표를 보면서 내 투자 원칙에 부합하면 추가 매수를 하고, 부합하지 않으면 추가 매수를 하지 않고 손절하거나 다른 대응 방법을 찾는 것을 말합니다. 정확한 투자 전략을 세우고 투자금 비중 관리를 하면서 분할매수를 하면, 평균 매수 단가를 낮춰 결국 더 큰 수익을 얻을 수 있습니다.

반면 대부분의 개인 투자자들은 하락장에서 막연하게 추가 매수를 하면서 '물타기했다'고 말합니다. 전략적 분할매수와 달리 물타기는 어떤 기준이

나 원칙이 있는 것이 아니라 내가 진입한 평균 단가보다 시장이 내려가면 밑도 끝도 없이 추가 매수를 하는 모양새를 취합니다. 더 큰 시장 하락을 예측하지 못하고 평균 매수 단가만 낮추려다 보면, 더 큰 손실로 이어지거나 시장 회복까지 오랜 기간을 기다리는 바람에 기회비용을 잃는 경우가 많습니다. 계획과 원칙에 따라 투자하는 것과 밑도 끝도 없이 투자하는 것은 하늘과 땅 차이입니다.

ETF 투자에서 100% 성공하려면, 시장이 좋을 때도 있고 나쁠 때도 있고 횡보할 때도 있지만 장기적으로 볼 때 시장이 우상향한다는 것에 대한 믿음에 달려 있습니다. 투자자 입장에서는 시장이 상승할 때가 좋겠지만, 전략적 분할매수를 한다면 하락장 이후에 수익률이 더 좋을 수도 있다는 것을 기억해야 합니다. 횡보장에서도 시장 수익률보다 10배에서 20배의 수익을 더 얻을 수 있습니다.

7. 수익은 트레이딩이 아닌 투자 전략에 달려 있다

트레이딩을 아무리 잘하는 고수라 하더라도 분명한 한계가 있습니다. 사람의 욕심은 끝이 없고, 그 욕심은 결국 손해를 만들어내기 때문입니다. 10년 넘게 투자 전문가, 트레이더로서의 삶을 살아가면서 제가 배운 교훈 중 하나는 트레이딩보다 중요한 것은 투자 전략이라는 것입니다. 내가 투자 원칙을 어떻게 정하느냐에 따라 오랜 기간 동안 수익을 낼 수 있는 투자자로 성장할 수 있습니다.

그렇다면 투자 전략이란 무엇일까요? 시장은 대략 10년에 한 번씩 큰 변곡을 지난다는 것, 대략 3년 주기의 경기 사이클이 반복된다는 것, 그리고 과거 데이터를 분석하면 꼭 지켜지는 패턴들이 있다는 것을 알고, 그 패턴 속에서 잃지 않는 투자 타이밍을 찾아 그 타이밍에 계좌 관리를 하면서 투자하는 것을 의미합니다.

이를 유념하면서 투자를 시작한다면, 트레이더가 아닌 투자 전략가가 되어 성공적인 투자를 만들어갈 수 있습니다. 단기적인 트레이딩, 소위 '단타'를 통해 수익을 얻는 것은 중요하지 않습니다. 일시적인 손실이 있더라도 투자 전략과 원칙이 뒷받침된 트레이딩을 할 때, 시장에 대한 안목이 생기고 향상된 투자 실력을 바탕으로, 의미 있는 수익을 손에 쥘 수 있습니다.

그런데 앞서 말했듯이, 우리는 실수를 거듭하는 사람이고, 미약한 존재이며, 우리의 뇌는 구조상 투자를 잘할 수 없도록 설계되어 있습니다. 이런 한계를 보완할 수 있도록 만들어진 금융상품이 바로 ETF라고 믿습니다. 그래서 투자를 심도 있게 공부하기 어려운 사람일수록 더욱 ETF 투자를 해야 한다고 강조하고 싶습니다.

〈투자 실력을 키우는 MINI QUIZ〉 정답

Lesson 1	1번: ②	2번: ③	3번: ③	4번: ①
Lesson 2	1번: ②	2번: ④	3번: ④	4번: ①
Lesson 3	1번: ③	2번: ②	3번: ②	4번: ①
Lesson 4	1번: ①	2번: ⑥		
Lesson 5	1번: ④	2번: ④		
Lesson 6	1번: ④	2번: ③	3번: ②	4번: ③

미주

1 임상균, 「日 지진 분실 금고 5천 개 주인 찾아」, 《매일경제》, 2011. 8. 18.

2 윤기쁨, 「5년 주식 투자 성적표…개인 '-8%', 기관 '+21%'」, 《머니투데이》, 2019. 3. 18.

3 김은미, 「왜 전 세계 투자자들은 ETF에 열광하는가」, ETF트렌드포럼 편저, 《ETF트렌드 2020》, 한스미디어, 2020. pp.100-101.

4 이가영, 「워런 버핏, 10년 투자 내기 압승…상금 전액 기부」, 《중앙일보》, 2018. 1. 2.

5 오기석, 「뱅가드 창업자 '존 보글'이 전하는 상식적인 투자에 대한 지혜」, ETF트렌드포럼 편저, 앞의 책. p.127.

6 오기석, 앞의 글, ETF트렌드포럼 편저, 앞의 책. p.127.

7 강영연, 「"분산투자는 유일한 공짜점심"…'지구상 몇 안 되는 투자 천재'의 전략」, 《한국경제》, 2019. 4. 15.

8 진종식, 「금 신고가 행진에 금 ETF 수익률 연 29.40%p↑」, 《한국경제》, 2020. 7. 1.

강흥보의 ETF 투자특강

1판 1쇄 발행 | 2021년 2월 19일
1판 4쇄 발행 | 2022년 5월 20일

지은이 강흥보
펴낸이 김기옥

경제경영팀장 모민원
기획 편집 변호이, 박지선
커뮤니케이션 플래너 박진모
경영지원 고광현, 임민진
제작 김형식

일러스트 정민영
인쇄 · 제본 민언프린텍

펴낸곳 한스미디어(한즈미디어(주))
주소 121-839 서울특별시 마포구 양화로 11길 13(서교동, 강원빌딩 5층)
전화 02-707-0337 | 팩스 02-707-0198 | 홈페이지 www.hansmedia.com
출판신고번호 제 313-2003-227호 | 신고일자 2003년 6월 25일

ISBN 979-11-6007-572-4 13320

알아두면 돈이 되는 '액티브 ETF' 살펴보기 ①
'KODEX K-미래차 액티브 ETF' 편

비교지수보다 초과수익 얻는 걸 목표로 한다고?

액티브ETF 점령하기
미래차

#투자 #기술주 #액티브ETF #ETF

이동하면서 밀린 일을 해볼까?

전기와 수소를 동력으로 운전자 없이
자율주행하면서 게임도 하고
영화를 볼 수 있는 자동차!
머지않아 누구든 이런 자동차를
탈 수 있는 시대가 다가오고 있어!

2030년에는 판매되는 차량의
20~30%가 친환경차이고,
2040년에는 대부분의 신차에
자율주행기능이 장착될 것으로
전망 중이래 미래차도 장기간 이어질
글로벌메가트렌드인 거야

자율주행 차량보급 전망

	2020	2030	2040
4/5단계 도심 자율주행차		2	22
3/4단계 고속도로 자율주행차		14	73
2단계 자율주행차(ADAS)	8	53	35

■ 2단계 자율주행차(ADAS)
■ 3/4단계 고속도로 자율주행차
■ 4/5단계 도심 자율주행차

자료: LMC Automotive, 키움증권, 삼성액티브자산운용. 2020년 11월 기준

자율주행 기술이 발달되면서
자동차가 사무실이나 영화관이
될 수도 있고, 심지어 전기에너지의
발전소이자 저장소도 된다구!
이동수단을 넘어서 '스마트 모빌리티'
개념으로 확장돼서 시장 규모가
7000조 원*에 달한다고 해

*2030년 기준. 출처: 메리츠증권 <가보지 않은 길, Non-tesla의 시작>, 2021년 1월 11일

시간이 없으니까
차에서 화상미팅
해야겠다! ㅠ

IT강국인 대한민국의 미래차
관련 기업들은 글로벌 시장에서
기술적으로 인정받는
유망한 종목들이고
그래서 만들어진 지수가 바로
FN가이드가 만든 K-미래차 지수야

우리도
한 실력하지?

주요 구성 종목

KODEX K-미래차 액티브 ETF

종목명	종목코드	비중(%)
현대차	005380	8.89
기아	000270	8.79
SK이노베이션	096770	5.34
현대모비스	012330	4.75
현대위아	011210	3.74
에스엘	005850	3.68
만도	204320	3.57
LG전자	066570	3.52
현대오토에버	307950	3.44
세방전지	004490	3.27

출처: 삼성자산운용 *실제ETF 구성종목은 비교지수와 일부 차이가
있을 수 있으며 향후 시장상황에 따라 달라질 수 있습니다.   기준일자 : 2021.06.07

K-미래차지수는 전기차, 수소차,
전장부품 2차전지, 차량인프라,
소프트웨어 등 미래차 산업 관련 기업들을
담은 지수야 ETF로 이 지수에 투자하면
손쉽게 미래차 시장에 투자할 수 있어!

KODEX K-미래차 액티브 ETF

해당 상품을 더 자세히 보고 싶다면!
인터넷에 코덱스를
검색해보는 것도 좋겠지?

🔍 KODEX   검색

SAMSUNG 삼성자산운용   KODEX

상품 개요 ━━━━━

KODEX K-미래차 액티브 ETF [주식]

투자위험등급   2등급(높은 위험)

총보수   연 0.50%
*증권거래비용 등 기타비용이
추가로 발생할 수 있습니다.

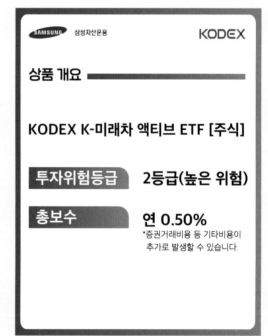

1800년대 이후 급격하게 증가한 탄소배출량으로 인해 기후 변화를 가져와 지구를 위협하고 있어

그래서 전 세계가 정책적으로 탄소배출 제로화를 강력하게 추진하고 있지!

환경오염 멈춰!

실제로 지난 10여 년간 신재생에너지 산업이 엄청 발전해서 태양광과 풍력의 발전단가도 많이 낮아진 거 알아?

태양광 발전단가 추이 (LCEO)

$394
90% 절감
2009년

$42
2020년

자료: Lazard(2020.10)
Note: LCOE(Levelized Cost of Electricity)는 보조금 제외 기준 (Unsubsidized)

현재 전 세계적으로 태양광, 풍력의 발전 비중은 10% 정도밖에 안되는데 * 블룸버그 전망에 따르면 2050년 경에는 주요국들의 탄소중립 정책에 힘입고 태양광 풍력 비중이 50%이상 될 것으로 예상된대!

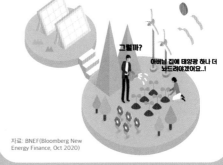

그럴까?

아버님 집에 태양광 하나 더 놓드려야겠어요..!

자료: BNEF(Bloomberg New Energy Finance, Oct 2020)

이렇게 정책의 힘과 인류생존의
당위성을 바탕으로 한
"신재생에너지'라는
메가트렌드를 따라가면서
투자할 수 있는 상품이 생겼어!

KODEX K-신재생에너지 액티브 ETF

주요 구성 종목

KODEX K-신재생에너지 액티브 ETF

종목명	종목코드	비중(%)
씨에스윈드	112610	8.98
OCI	010060	8.98
삼강엠앤티	100090	8.52
한화솔루션	009830	7.94
SK이노베이션	096770	5.48
세방전지	004490	5.28
엘엔에프	066970	4.97
에스에프에이	056190	4.88
SKC	011790	4.57
LS	006860	4.21

출처:삼성자산운용 *실제ETF 구성종목은 비교지수와 일부 차이가 기준일자 : 2021.06.07
있을 수 있으며 향후 시장상황에 따라 달라질 수 있습니다.

태양광, 풍력, 수소, 2차전지 등
통상적인 재생에너지 산업뿐만 아니라
탄소 저감에 기여하는 모든 친환경
기술과 산업에 투자하는 액티브 ETF야

KODEX K-신재생에너지 액티브 ETF

해당 상품을 더 자세히 보고 싶다면!
인터넷에 코덱스를
검색해보는 것도 좋겠지?

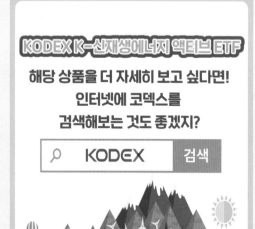

SAMSUNG 삼성자산운용   KODEX

상품 개요

KODEX K-신재생에너지 액티브 ETF

투자위험등급	**2등급(높은 위험)**
총보수	**연 0.50%**

*증권거래비용 등 기타비용이
추가로 발생할 수 있습니다.